Tobias Stoltze

Werttreiber- versus Branchenorientierte Auswahl von Vergleichsunternehmen

Eine empirische Untersuchung von Multiplikatorverfahren

Diplomica® Verlag GmbH

Stoltze, Tobias: Werttreiber- versus Branchenorientierte Auswahl von Vergleichsunternehmen. Eine empirische Untersuchung von Multiplikatorverfahren, Hamburg, Diplomica Verlag GmbH 2009

ISBN: 978-3-8366-7038-8
Druck Diplomica® Verlag GmbH, Hamburg, 2009

Bibliografische Information der Deutschen Bibliothek
Die Deutsche Bibliothek verzeichnet diese Publikation in der Deutschen Nationalbibliografie;
detaillierte bibliografische Daten sind im Internet über
<http://dnb.ddb.de> abrufbar.

© Diplomica Verlag GmbH
http://www.diplomica-verlag.de, Hamburg 2009
Printed in Germany

Inhaltsverzeichnis

III

Darstellungsverzeichnis

Abkürzungsverzeichnis

$\lvert E_i \rvert$	Absolut Prediction Error des Bewertungsobjekts i
$\hat{P}$	Prognostizierte Marktkapitalisierung
Δ	Bestimmungsgröße für das Abweichungsintervall
AktG	Aktiengesetz
APE	Absolut Prediction Error
APV	Adjusted Present Value
BV	Branchenorientierte Vergleichsgruppe
CAGR	Compounded Annual Growth Rate
CAPM	Capital Asset Pricing Model
CCA	Comparative-Company-Approach
CV	Continuing Value
DCF	Discounted-Cashflow
EBIT	Earnings before interest and taxes
EBITDA	Earnings before interest, taxes, depreciation and amortisation
EBITDAR	Earnings before interest, taxes, depreciation, amortisation and rent
EBITDASO	Earnings before interest, taxes, depreciation, amortisation and stock options
EBITDAX	Earnings before interest, taxes, depreciation, amortisation and exploration costs
EBT	Earnings before taxes
EPS	Earnings per share
EV	Enterprise Value
FCF	Free Cashflow
FTE	Flow-to-Equity
g^F	Geschätzte zukünftige Wachstumsrate
g^H	Historische Wachstumsrate
GICS	Global Industry Classification Standard
IDW	Institut der Wirtschaftsprüfer
IM	Informations Memorandum
IPO-Ansatz	Initial Public Offering-Ansatz
MAPE	Median Absolut Prediction Error
NAICS	Northern American Industry Classification System
P	Beobachtete Marktkapitalisierung
P/E	Price/Earnings
RAM	Recent Acquisition Method
ROE	Return on Equity
SHV	Shareholder-Value
SIC	Standard Industrial Classification
SPCM	Similar Public Company Method
TCF	Total Cashflow
UmwG	Umwandlungsgesetz
UW	Unternehmenswert
WACC	Weighted Average Cost of Capital

1 Einleitung

1.1 Problemstellung und Zielsetzung der Studie

Der Markt für Unternehmenstransaktionen, seien es Fusionen, Käufe oder Verkäufe ganzer Unternehmen oder auch nur einzelner Unternehmensteile, ist seit den Krisenjahren 2001/2002 durch deutliche Wachstumsraten charakterisiert. Dies ist zum einen auf den aktuellen Trend der Branchenkonsolidierung zurückzuführen. So wurde erst kürzlich neben der geplanten Fusion von Microsoft und Yahoo bekannt, dass auch die Postbank in Deutschland die Bankenmarktkonsolidierung vorantreiben möchte.

Zum anderen trennen sich immer mehr Firmen zwecks Konzentration auf ihr Kerngeschäft von ihren nicht strategischen Beteiligungen. Ebenfalls hat die Aktivität von Private Equity Gesellschaften als Käufer und Verkäufer von Unternehmen in den letzten Jahren sprunghaft zugenommen, was ihren Teil zum Anstieg der Transaktionen beitrug.

Unternehmensbewertungen stellen ein fundamentales Element im Rahmen von Unternehmenstransaktionen dar. Bewertungen können durch die in Deutschland und international weit verbreiteten Ertragswert- oder Discounted-Cashflow-Verfahren erfolgen. Neben diesen, oft als komplex und undurchsichtig bezeichneten Ansätzen erfreuen sich vergleichsorientierte Bewertungen, sogenannte Multiplikatorverfahren, aufgrund ihrer intuitiven Verständlichkeit steigender Beliebtheit.

Bei Multiplikatorverfahren werden vergleichbare Unternehmen, Unternehmenstransaktionen oder Börsengänge identifiziert, um über deren Wert auf den Wert des zu bewertenden Unternehmens schließen zu können. Das Kriterium der Vergleichbarkeit sowie dessen, in der wissenschaftlichen Literatur fehlende explizite Definition, stellt den Anwender dieser Methode in der Praxis vor zu lösende Probleme.

Vor diesem Hintergrund setzt sich die vorliegende Studie mit der Theorie und den Methoden der Unternehmensbewertung auseinander, wobei der Schwerpunkt auf dem in der wissenschaftlichen Literatur bislang relativ wenig beachteten Multiplikatorverfahren liegt.

Ziel der Studie ist es, neben dem Aufzeigen der Methodik und möglicher Problemfelder der Multiplikatorbewertung, existierende Ansätze zur Bestimmung von Vergleichsunternehmen anhand empirischer Befunde kritisch auf ihre Effizienz hin zu evaluieren. Dabei ist es nicht Ziel dieses Buches der Frage nachzugehen, nach welchen Ansätzen vergleichbare Transaktionen oder Börsengänge bestimmt werden sollten oder welchen Multiplikatoren in der Praxis aufgrund der Qualität der Bewertungsergebnisse der Vorzug gewährt werden sollte.

1.2   Gang der Untersuchung

Nach der Einführung, der Beschreibung der Problemlage sowie der Definition des Ziels dieser Studie, werden in **Kapitel 2** zunächst Grundsätze der Unternehmensbewertung und allgemeine Bewertungstheorien behandelt, wodurch ein Grundverständnis der Materie vermittelt werden soll.

Gegenstand des **Kapitels 3** ist es, einen kurzen Überblick über ausgewählte, am Markt gängige Bewertungsmethoden zu schaffen und mögliche Problemfelder der Methoden aufzuzeigen. Es wird das Ertragswert- und Discounted-Cashflow-Verfahren einführend dargelegt, wobei eine detaillierte und umfassende Diskussion der einzelnen Methoden nicht Gegenstand dieser Studie ist.

In **Kapitel 4** wird anschließend das Multiplikatorverfahren, als Alternative zu den vorgestellten Ertragswert- und Discounted-Cashflow-Verfahren, ausführlich beschrieben. Es werden hinsichtlich der Werthaltigkeit der Aussagen des Multiplikatoransatzes ein formeller Bezug dieses Verfahrens zu den in Kapitel 3 behandelten Bewertungsmethoden hergestellt sowie praktische Problemfelder des Verfahrens identifiziert.

Von denen in Kapitel 4 angesprochenen Problemfeldern der Multiplikatorbewertung wird in **Kapitel 5** das Problem der Bestimmung einer geeigneten Vergleichsgruppe erneut aufgegriffen. Anhand einer eigenen empirischen Untersuchung zum Einfluss der Art der Vergleichs-gruppenbestimmung auf die Schätzgenauigkeit der Multiplikatorbewertung wird versucht, Lösungsansätze für selbiges Problem aufzuzeigen.

In **Kapitel 6** werden abschließend die Ergebnisse der Studie hinsichtlich der Zielsetzung zusammengetragen, relativiert und weiterführende Forschungs-themen bezüglich Multiplikatorbewertungen eruiert.

2 Grundlegendes zur Unternehmensbewertung

2.1 Grundsätze ordnungsmäßiger Unternehmensbewertung

Ziel einer Unternehmensbewertung ist es, den ökonomischen Wert eines Unternehmens zu bestimmen. Dieser Wert ist durch den zukünftigen Nutzen gekennzeichnet, den das Unternehmen einem kaufinteressierten Subjekt stiftet. In der wissenschaftlichen Diskussion hat sich der Zukunftserfolgswert als für die Unternehmensbewertung maßgeblich herauskristallisiert. Dieser leitet sich aus dem Barwert der finanziellen Überschüssen her, die ein Unternehmen unter Fortführung der Geschäftstätigkeit in der Zukunft erwirtschaften wird. Der Zukunftserfolgswert kann durch das Ertragswertverfahren oder durch das Discounted-Cashflow-Verfahren (DCF-Verfahren) ermittelt werden. Auf beide Verfahren wird in Kapitel 3 näher eingegangen.

Unter Grundsätzen ordnungsmäßiger Unternehmensbewertung ist nach *Moxter* ein System von Bewertungsnormen zu verstehen. Dieses System soll eine Anleitung zu zweckentsprechender Unternehmensbewertung geben und sowohl den Bewertenden vor „Kunstfehlern" als auch die Adressaten der Bewertung vor wirtschaftlichen Nachteilen schützen.[1] *Moxter*, der als erster grundlegende Ansätze zur ordnungsmäßigen Unternehmensbewertung verfasste, definiert 24 Grundsätze.[2] Neben den Ansätzen von *Moxter*, die bis zum heutigen Tag in Theorie und Praxis ihre Relevanz nicht verloren haben, definiert das *Institut der Wirtschaftsprüfer* (IDW) sieben Grundsätze zur Ermittlung von Unternehmenswerten, welche den Rahmen für die Problemlösung jedes einzelnen Bewertungsfalls abstecken.[3]

Standardisierte, von allen Seiten anerkannte Grundsätze ordnungsmäßiger Unternehmensbewertung können im Hinblick auf die wissenschaftliche Literatur zu diesem Themengebiet nicht definiert werden, da Art und Umfang der Grundsätze in der Literatur stark variieren und keine Standardisierung zulassen.

---

[1] Vgl. *Moxter* (1983), Einleitung.

[2] Vgl. *Moxter* (1983), S. 1 ff.

[3] Vgl. *Institut der Wirtschaftsprüfer* (2000), IDW S1, S. 1 ff.; *Peemöller* (2005b), S. 29 ff.; *Matschke/Brösel* (2005), S. 616 ff. zur Erklärung und Kommentierung.

2.2 Werttheorien

2.2.1 Abgrenzung der Begriffe Wert und Preis

Bevor im Folgenden auf die verschiedenen Konzeptionen der Bewertungstheorie eingegangen wird, soll der Unterschied zwischen den Begriffen „Wert" und „Preis" kurz dargelegt werden. [4]

Der Wert eines Unternehmens leitet sich aus den zukünftigen Zahlungsströmen zwischen dem Unternehmen und dessen Anteilseignern ab. Es kann zwischen dem Gebrauchswert, Tauschwert und Ertragswert differenziert werden. Güter, die Leistungen hervorbringen und damit ihrem Eigentümer einen Wert stiften, haben einen Ertragswert, der damit für die Unternehmensbewertung maßgeblich ist.

Im Gegensatz zum Wert eines Unternehmens bildet sich dessen Preis auf dem Kapitalmarkt durch Aufeinandertreffen von Angebot und Nachfrage, wobei selbige wesentlich von der Grenznutzenschätzung der Marktteilnehmer beeinflusst werden. [5]

2.2.2 Objektive Unternehmensbewertung

Im Rahmen der objektiven Unternehmensbewertung ist es die Absicht des Bewertenden, das Unternehmen möglichst losgelöst von den Bewertungs-interessen einer Einzelperson zu bewerten. Der objektiv ermittelte Wert soll dem Unternehmen wie eine Eigenschaft anhaften, und ist von jedem Marktteilnehmer realisierbar. [6] Diese entpersonifizierte Wertermittlung ist z.B. Aufgabe eines Wirtschaftsprüfers, wenn dieser die Funktion eines neutralen Gutachters wahrnimmt. [7]

2.2.3 Subjektive Unternehmensbewertung

Bei dieser Form der Unternehmensbewertung finden die subjektiven Planungen und Vorstellungen des Bewertungsinteressenten Beachtung. [8] Der ermittelte Unternehmenswert kann in Folge dessen nur von dem spezifischen Bewertungsinteressenten realisiert werden. Ein Unternehmen hat somit nicht

---

[4] Vgl. *Matschke/Brösel* (2005), S. 14 ff.

[5] Vgl. zum Zusammenhang zwischen Wert und Preis *Seppelfricke* (2005), S. 2, *Peemöller* (2005), S. 3 f. Vgl. zur Abgrenzung von Wert und Preis *Institut der Wirtschaftsprüfer* (2000), IDW S1, S. 6.

[6] Vgl. *Peemöller* (2005), S. 4 f.

[7] Vgl. Institut der Wirtschaftsprüfer (2000), IDW S1, S. 5.

[8] Vgl. Matschke/Brösel (2005), S. 18 ff.; *Peemöller* (2005), S. 6 f.

einen allgemeingültigen Wert wie bei der objektiven Bewertung, sondern für jedes Bewertungssubjekt „[…] grundsätzlich [einen] verschiedenen, spezifischen Wert […]"[9], da auch Synergieeffekte in die Bewertung mit einbezogen werden. Der subjektiven Unternehmensbewertung liegen die Prinzipien der Zukunftsbezogenheit und der Gesamtbewertung zugrunde, der adäquate Wertansatz ist der Zukunftserfolgswert.

2.2.4 Funktionale Unternehmensbewertung

Die funktionale Unternehmensbewertung versucht, die kontroversen Sichtweisen der objektiven und subjektiven Bewertung zu überwinden.[10] Zentraler Aspekt dieser Bewertungsform ist die Zweckabhängigkeit des (subjektiven) Unternehmenswerts. So gibt es nach *Moxter* „[…] den schlechthin richtigen Unternehmenswert [nicht]: Da Unternehmenswertmitteilungen sehr unterschiedlichen Zwecken dienen können, ist der richtige Unternehmenswert der jeweils zweckadäquate"[11]. So kann ein Unternehmen für ein und denselben Bewertungsadressaten verschiedene Werte haben, je nach dem vorgegebenen Zweck der Bewertung. Da die Bewertung zweckabhängig erfolgt, „[existiert] *der* Unternehmenswert und *das* Verfahren zu seiner Ermittlung [..] nicht"[12].

2.3 Anlässe einer Unternehmensbewertung

Unternehmensbewertungen werden in der Praxis auf Basis verschiedener Bewertungsanlässe durchgeführt. In der Literatur finden sich verschiedene Klassifizierungen, nach denen sich die Anlässe ordnen lassen.

Die Notwendigkeit der Analyse der Bewertungsanlässe begründen *Matschke/Brösel* damit, dass der Bewertungszweck[13], das daraus folgende zweckmäßige Bewertungsverfahren und das daraus resultierende Bewertungsergebnis nur mit Blick auf den Bewertungsanlass sinnvoll konkretisiert werden können, da sie mit ihm in Zusammenhang stehen bzw. von ihm determiniert werden.[14]

---

[9] *Matschke/Brösel* (2005), S. 18.

[10] Vgl. *Matschke/Brösel* (2005), S. 22 ff.; *Peemöller* (2005), S. 7 f.

[11] *Moxter* (1983), S. 6.

[12] *Matschke/Brösel* (2005), S. 23.
[13] Die Begriffe Bewertungszweck und Bewertungsfunktion werden im Folgenden synonym verwendet.
[14] Vgl. *Matschke/Brösel* (2005), S. 75, *Born* (1995), S. 17 und *Peemöller* (2005a), S. 17.

Das IDW unterscheidet drei Bewertungsanlässe: Bewertungen aufgrund gesetzlicher Regelungen, vertraglicher Vereinbarungen oder aus sonstigen Gründen.[15]

Bewertungen aufgrund gesetzlicher Regelungen haben ihren Ursprung insbesondere in den Vorschriften des Aktiengesetzes und des Umwandlungsgesetzes.[16]

Bewertungen auf vertraglicher Grundlage betreffen z.B. den Eintritt und Austritt von Gesellschaftern aus Personengesellschaften sowie Erbauseinandersetzungen und Abfindungsfälle im Familienrecht.

Unter sonstigen Gründen für eine Unternehmensbewertung fasst das IDW Bewertungen im Zusammenhang mit unternehmerischer Initiative zusammen. Hierzu zählen Käufe und Verkäufe von Unternehmen, Börsengänge, Buy Out-Transaktionen, Bewertungen im Rahmen von wertorientierten Managementkonzepten sowie Bewertungen aus steuerrechtlichen Gründen.

Peemöller und *Seppelfricke* schlagen vor, dass eine mögliche Klassifizierung der Bewertungsanlässe auch in Anbetracht des Lebensphasenzykluses eines Unternehmens getroffen werden kann.[17]

Matschke/Brösel schlagen des Weiteren vor, die Bewertungsanlässe nach der Änderung der Eigentumsverhältnisse des Unternehmens zu klassifizieren.[18] Besonderes Augenmerk legen sie auf die Unterscheidung zwischen Konfliktsituationen vom Typ Kauf/Verkauf und Fusion/Spaltung einerseits und in dominierte und nicht dominierte Konfliktsituationen andererseits. Eine nicht dominierte Konfliktsituation liegt vor, wenn jede Partei die Verhandlungen jederzeit abbrechen kann. Entsprechend hat bei einer dominierten Konfliktsituation nur eine der involvierten Parteien diese Option. Aufgrund der Vielzahl der in der Praxis auftretenden Bewertungsanlässe hat sich in der Literatur bislang keine von allen Seiten akzeptierte Klassifizierung durchgesetzt.

---

[15] Vgl. *Institut der Wirtschaftsprüfer* (2000), IDW S1, S. 4 f.

[16] Vgl. hierzu beispielhaft § 305, § 320 *AktG* sowie § 19, § 29 *UmwG*.

[17] Vgl. *Peemöller* (2005a), S. 17 ff.; *Seppelfricke* (2005), S. 4 ff.

[18] Vgl. *Matschke/Brösel* (2005), S. 75 ff., *Matschke* (1979), S. 31. Eine ähnliche Klassifizierung findet sich bei *Drukarczyk* (2003), S. 122 ff.

2.4 Funktionen einer Unternehmensbewertung

Die funktionale Unternehmensbewertung hat sich sowohl in der wissenschaftlichen Literatur als auch im praktischen Bewertungsalltag als maßgeblich etabliert.[19] Im Folgenden sei daher das Augenmerk auf ihre Funktionen gerichtet.

Die funktionale Unternehmensbewertung unterscheidet zwischen drei Haupt- und drei Nebenfunktionen.[20] Als Hauptfunktionen werden die Entscheidungs-, Vermittlungs- und die Argumentationsfunktion genannt. Das IDW negligiert die Argumentationsfunktion, führt jedoch die Funktion eines neutralen Gutachters als dritte Hauptfunktion der Unternehmensbewertung an.[21] Als Nebenfunktionen werden in der Literatur die Informations-, Steuerbemessungs- und Vertragsgestaltungsfunktion aufgeführt.

Coenenberg/Schultze weichen von der Abgrenzung gemäß der funktionalen Bewertungstheorie ab. Sie ordnen die einzelnen Funktionen der Bewertung vor dem Hintergrund der zunehmenden Bedeutung des Shareholder-Value-Gedankens (SHV-Gedanken) neu.[22] Im Rahmen ihrer Klassifizierung ergeben sich fünf Bewertungsfunktionen: die Gutachterliche Bewertung, beratungsorientierte Bewertung im Rahmen von Unternehmenskäufen, die relative Bewertung am Kapitalmarkt sowie gemäß des SHV-Gedankens die Bewertung für das wertorientierte Controlling und die Fair Value-Ermittlung im Reporting.

2.5 Zwischenfazit

Auch wenn in der Praxis keine offiziellen, in der Gesetzgebung verankerten Grundsätze für eine ordnungsmäßige Unternehmensbewertung existieren, so kann dennoch von einer weltweit akzeptierten „Best-Practise" der Bewertung gesprochen werden. In dieser „Best-Practise" lassen sich auch die Grundsätze von *Moxter* wiederfinden.

Von allen Seiten akzeptiert wird der Ansatz der funktionalen Unternehmensbewertung. So wird ein Subjekt den Wert eines Unternehmens jeweils anders beurteilen, wenn dieses Unternehmen entweder gekauft,

---

[19] Vgl. *Matschke/Brösel* (2005), S. 22 ff.

[20] Vgl. hierzu grundlegend *Matschke/Brösel* (2005), S. 49 ff. Eine Abgrenzung der Bewertungsfunktionen auf Grundlage der objektiven und subjektiven Bewertungstheorie findet sich bei *Seppelfricke* (2005), S. 6 ff.

[21] Vgl. *Institut der Wirtschaftsprüfer* (2000), IDW S1 S. 5 f.

[22] Vgl. *Coenenberg/Schultze* (2002), S. 599 f.

verkauft oder hinsichtlich steuerlicher Belange bewertet werden muss. Dieser Ansatz macht es daher erforderlich, dass jede an einer Unternehmenstransaktion beteiligte Partei ihre eigene Bewertung durchführt. Im Folgenden sollte dann während der Vertragsverhandlungen durch die Entscheidungs-, Vermittlungs- und Argumentationsfunktion der Bewertung ein Konsens über den zu zahlenden Preis zwischen den Parteien erreicht werden.

3 Methoden der Bewertung

3.1 Zusammenhang zwischen Funktion und Methodik einer Unternehmensbewertung

Unter einer Methode zur Unternehmensbewertung ist die Art der Ermittlung eines Unternehmenswertes zu verstehen. Wie erörtert, wurde durch die Begründung der funktionalen Bewertungstheorie eine Abgrenzung nach den Funktionen einer Unternehmensbewertung möglich. Die verschiedenen Funktionen erfordern ihrerseits verschiedene Methoden um eine fundierte Bewertung durchführen zu können.

Eine Bewertungskonzeption ist durch den Bewertungszweck und die diesem Zweck jeweils dienende Methode gekennzeichnet.[23] Die unterschiedlichen Bewertungszwecke werden in der Praxis durch unterschiedliche Bewertungsmethoden gelöst, wobei nachhaltig zu überprüfen ist, ob die gewählte Methode und die ihr zugrundeliegenden Prämissen mit dem Bewertungszweck vereinbar sind, und ob die eventuell durch eine zweckmäßigere Bewertungsmethode erzielbaren Verbesserungen[24] bezüglich des Unternehmenswert vernachlässigt werden können.[25] Eine Bewertungsmethode gilt als überlegen, wenn deren Informationsgehalt der situativen Zielsetzung der Bewertung am besten gerecht wird.[26]

Grundsätzlich werden die Methoden der Unternehmensbewertung in drei Kategorien eingeteilt: Einzelbewertungsverfahren, Gesamtbewertungsverfahren und Misch- bzw. kombinierte Bewertungsverfahren.[27]
Im Rahmen einer Einzelbewertung wird der Unternehmenswert aus der Summe der einzelnen Bestandteile des Unternehmens errechnet. Es muss somit für jeden einzelnen Unternehmensbestandteil dessen Wert berechnet werden. Als problematisch erweist sich dabei, dass positive und negative Verbund- und Synergieeffekte nur schwer zu erfassen und zu bewerten sind.

---

[23] Vgl. *Coenenberg/Schultze* (2002), S. 598.

[24] „Verbesserungen" des Unternehmenswertes sind zweck- und subjektabhängig zu sehen.

[25] Vgl. *Matschke/Brösel* (2005), S. 102.

[26] Vgl. *Bausch* (2000), S. 443.

[27] Vgl. *Matschke/Brösel* (2005), S. 103 ff.; *Mandl/Rabel* (2005), S. 51.

Beim Gesamtbewertungsverfahren wird das Unternehmen hingegen als Bewertungseinheit angesehen, dessen zukünftiger Gesamtertrag für die Bewertung maßgeblich ist.

Mischverfahren ziehen nicht nur die Substanz eines Unternehmens, wie Einzelbewertungsverfahren, mit in die Bewertung ein, sondern berücksichtigen ebenfalls dessen Ertragskraft. Zu den Mischverfahren zählen das Mittelwert-, das Übergewinn- und das Stuttgarter Verfahren.[28] Da das Stuttgarter Verfahren lediglich zur Klärung steuerrechtlicher Fragen angewandt wird, und sowohl das Mittelwert- als auch das Übergewinnverfahren keine bedeutende Praxisrelevanz aufweisen, werden diese Verfahren nicht näher betrachtet.

3.2   Einzelbewertungsverfahren

Der Unternehmenswert wird bei diesem Verfahren durch eine isolierte Bewertung der einzelnen Vermögensgegenstände und Schulden des Unternehmens zu einem bestimmten Stichtag ermittelt. Dabei leitet sich der so genannte Substanzwert des Unternehmens durch Subtraktion des Schuldenwerts vom Wert der einzelnen Vermögensgegenstände ab.[29] Der Substanzwert kann dabei auf Basis von Reproduktions- oder Liquidationswerten errechnet werden.[30]

Grundannahme des Substanzwertverfahrens auf Reproduktionswerten ist es, dass das zu bewertende Unternehmen weitergeführt wird (Going Concern-Prinzip), und dass alle betriebsnotwendigen Vermögensgegenstände entsprechend ihrer Wiederbeschaffungs- oder Zeitwerte reproduziert werden. Eine besondere Problematik stellt dabei die Bewertung der immateriellen Vermögensgegenstände, wie z.B. Kundenbeziehungen oder die Qualität der Mitarbeiter, sowie der fehlende Bezug zu den zukünftigen finanziellen Überschüssen des Unternehmens dar. Als Rechtfertigungsgrundlage für das Substanzwertverfahren gilt die Normalwerthypothese.[31]

---

[28] Vgl. *Ernst/Schneider/Thielen* (2006), S. 5 ff.

[29] Vgl. *Mandl/Rabel* (2005), S. 79 ff. Für eine ausführlichere Darstellung der Substanzwertmethode siehe *Sieben/Maltry* (2005), S. 377 ff.

[30] Zur Abgrenzung und Definition der unterschiedlichen Reproduktionswerte siehe *Ernst/Schneider/Thielen* (2006), S. 3 ff.

[31] Vgl. *Moxter* (1983), S. 45 ff.

Aufgrund der genannten Problemfelder kommt dem Substanzwertverfahren in der Bewertungspraxis und nach den IDW Standards keine eigenständige Bedeutung in der Unternehmensbewertung zuteil.[32]

3.3 Gesamtbewertungsverfahren

3.3.1 Überblick

Zu den Gesamtbewertungsverfahren zählen das Ertragswertverfahren, die aus der angloamerikanischen Bewertungstheorie stammenden DCF-Verfahren und die relative Bewertung von Unternehmen durch die verschiedenen Ausprägungen der Multiplikatorverfahren.

Ebenfalls zu den Gesamtbewertungsverfahren zählen Realoptions-bewertungen. Im Rahmen dieser Studie soll auf dieses Verfahren jedoch nicht näher eingegangen werden. Zur Erklärung wird auf die angegebene Literatur verwiesen.[33]

Nachfolgend sollen die Grundkonzeptionen des Ertragswert- und DCF-Verfahrens verdeutlicht werden. Der Konzeption, Funktionsweise und Anwendung der Multiplikatorverfahren wird in Kapitel 4 im Detail Rechnung getragen.

3.3.2 Ertragswertverfahren

Das Ertragswertverfahren zielt auf die zukünftig zu erwartenden Erträge aus dem Unternehmen ab. Durch deren Diskontierung mit einem risikoadäquaten Diskontierungssatz wird der Barwert der künftigen Erträge des Unternehmens bestimmt. Deren Summe, unter Addition des Barwerts der erwarteten Liquidationserlöse des nicht betriebnotwendigen Vermögens, resultieren im gesuchten Wert des Unternehmens. Formell, unter der Annahme einer unendlichen Unternehmensdauer, errechnet sich der Unternehmenswert UW nach dem Ertragswertverfahren wie folgt:[34]

---

[32] Vgl. *Institut der Wirtschaftspürfer* (2000), IDW S1, S. 40.

[33] Zur Erklärung des Realoptions-Ansatzes siehe beispielsweise *Ernst/Schneider/Thielen* (2003), S. 239 ff.

[34] Vgl. *Mandl/Rabel* (2005), S. 52 ff. Siehe zur ausführliche Darstellung des Ertragswertverfahrens nach dem IDW *Institut der Wirtschaftsprüfer* (2000), IDW S1 S. 25 ff.; *Peemöller/Kunowski* (2005), S. 201 ff.

$$UW = \sum_{t=1}^{\infty} \frac{E_t}{(1+r)^t} + N_0 \qquad (1)$$

E_t	künftig erwarteter Unternehmensertrag in der Periode t
r	Kalkulationszinsfuß
N_0	Barwert der erwarteten Liquidationserlöse aus der Veräußerung des nicht betriebnotwendigen Vermögens

Nach *Moxter* ist unter dem Unternehmensertrag E_t „[…] [die] Summe aller Vorteile, die der Unternehmenseigner aus dem Unternehmen erwarten darf [zu verstehen]" [35]. Genau wie der Unternehmensertrag, ist auch der Kalkulationszinsfuß aus der Sicht des (potentiellen) Unternehmenseigners zu bestimmen und bemisst sich an dessen bester alternativer Kapitalanlage. Es ist hierbei auf Laufzeit- und Risikokongruenz zu achten.

Das Ertragswertverfahren kann demnach als entscheidungsorientiertes und individualistisches Verfahren interpretiert werden, welches das Bewertungssubjekt in den Mittelpunkt der Betrachtung rückt.

Die Definition des Unternehmensertrags nach *Moxter* lässt erheblichen Spielraum für Interpretationen, so dass sich in der Literatur und in der Bewertungspraxis verschiedene Ertragsbegriffe herausgebildet haben.[36]
Legt man die Erkenntnisse der Investitionstheorie zugrunde, so stellen die Netto-Cashflows zwischen Eignern und Unternehmen einerseits und zwischen dem Unternehmen und Dritten andererseits den richtigen Ertragsbegriff dar. Diese Ansicht vertritt auch das IDW in seiner Definition des bewertungsrelevanten Unternehmensertrags.[37] Alle von dieser Definition abweichenden Ertragsbegriffe stellen lediglich eine Bewertungsvereinfachung und Komplexitätsreduzierung dar, die mit einer größer werdenden Ungenauigkeit des Bewertungsergebnisses einhergehen.[38]
Sowohl in der Praxis als auch in den IDW Standards wird zur Prognose der zukünftigen Erträge in der Regel ein Zwei-Phasen-Modell empfohlen. Die erste Planungsphase (Detailplanungsperiode) berücksichtigt meist die kommenden drei bis fünf Geschäftsjahre. Ihr schließt sich die zweite

---

[35] *Moxter* (1983), S. 9.

[36] Vgl. *Mandl/Rabel* (2005), S. 53 ff.

[37] Vgl. *Institut der Wirtschaftsprüfer* (2000), IDW S1 S. 9 ff.

[38] Vgl. *Mandl/Rabel* (2005), S. 58.

Planungsphase an, die als Continuing Value (CV) bezeichnet wird. Im Rahmen des Zwei-Phasen-Modells wird eine unendliche Lebensdauer des Unternehmens unterstellt, wobei der CF die Zeitspanne vom Ende der Detailplanungsperiode bis in die, unterstellte, unendliche Zukunft abdeckt.[39]

Die Unsicherheit der zukünftigen Unternehmenserträge schlägt sich, genau wie die geforderte Mindestrendite des Bewertungssubjektes, im Kalkulationszinsfuß nieder. Dieser kann durch Anwendung der Sicherheitsäquivalenzmethode oder der Risikozuschlagsmethode an das empfundene Risiko des Eintritts der erwarteten Unternehmenserträge angepasst werden.[40] Sowohl vom IDW als auch international wird die Risikozuschlagsmethode präferiert. Wenn die Risikozuschläge marktorientiert, z.B. über das Capital Asset Pricing Model[41] (CAPM) ermittelt werden, und die abgezinsten Unternehmenserträge den Ausschüttungen an die Unternehmenseigner entsprechen, kann das Ertragswertverfahren mit dem im Folgenden dargestellten Equity-Approach des DCF-Verfahrens gleichgesetzt werden.[42]

3.3.3 DCF-Verfahren

3.3.3.1 Bedeutung und Definition der DCF-Verfahren

Die aus dem angloamerikanischen Raum stammenden DCF-Verfahren stellen international die am häufigsten verwendeten Bewertungsverfahren dar.[43] Die weltweit hohe Akzeptanz dieser Verfahren begründet sich unter anderem darin, dass die Anzahl internationaler Unternehmenstransaktionen, die häufig von angloamerikanischen Investmentbanken begleitet werden (welche diese Verfahren präferieren), in den vergangenen Dekaden einen starken Anstieg verzeichneten. Auch in der nationalen Bewertungspraxis hat ein Umdenken

---

[39] Vgl. *Mandl/Rabel* (2005), S. 58 f. Eine mathematische Darstellung des Zwei-Phasen-Modells erfolgt bei der Erörterung der DCF-Verfahren.

[40] Vgl. *Mandl/Rabel* (2005), S. 62 f.

[41] Zur Einführung und Herleitung des Capital Asset Pricing Models vgl. grundlegend *Sharpe* (1964), S. 425 – 442, *Lintner* (1965), S. 13 – 37 und *Mossin* (1966), S. 768 – 783. Siehe außerdem zum CAPM, dessen Prämissen und grundlegende Kritik an dem Modell *Matschke/Brösel* (2005), S. 25 ff.

[42] Vgl. *Institut der Wirtschaftsprüfer* (2000), IDW S1 S. 21 ff.; *Mandl/Rabel* (2005), S. 62 f. Für ausführliche Erläuterungen zum Zusammenhang zwischen dem Ertragswertverfahren und dem DCF-Verfahren siehe *Ballwieser* (2005), S. 363 ff.

[43] Vgl. *Matschke/Brösel* (2005), S. 536 f.

stattgefunden, sodass das IDW neben dem Ertragswert- nun auch das DCF-Verfahren in seinen Bewertungsstandards anerkennt.[44]

Die als kapitalmarkttheoretisch zu bezeichnenden DCF-Verfahren beruhen auf dem Gegenwarts-, Barwert- oder Kapitalwertkalkül. Zur Begriffsabgrenzung führen *Matschke/Brösel* an, dass DCF-Verfahren nicht auf investitionstheoretischen Modellen aufbauen. Die in den Verfahren angewandten Diskontierungssätze werden aus kapitalmarkttheoretischen Ansätzen und Gleichgewichtsmodellen, im Wesentlichen aus dem CAPM und der von *Modigliani/Miller* begründeten Irrelevanzthese, abgeleitet.[45]

Es wird zwischen drei verschiedenen Ausprägungen des DCF-Verfahrens unterschieden, wobei die drei Ausprägungen nach Brutto- und Nettoverfahren zu klassifizieren sind.

Das sogenannte Weighted-Average-Cost-of-Capital-Verfahren (WACC-Verfahren) und das Adjusted-Present-Value-Verfahren (APV-Verfahren) werden als Bruttoverfahren, das Equity-Verfahren als Nettoverfahren bezeichnet. Unterschiede zwischen den drei Verfahren lassen sich in der Abgrenzung der zu diskontierenden Cashflows, der verwendeten Diskontierungssätze und der Berücksichtigung der zeitlichen Veränderungen der Kapitalstruktur finden.[46]

Im Folgenden werden die drei DCF-Verfahren anhand ihrer grundlegenden Charakteristika einführend dargestellt. Für eine detaillierte Darstellung der Verfahren wird auf die angegebene Literatur verwiesen.

3.3.3.2 WACC-Verfahren

Als eine Ausprägung des Bruttoverfahrens errechnet sich der Unternehmenswert beim WACC-Verfahren in zwei Schritten. In einem ersten Schritt wird der Marktwert des Gesamtkapitals (UW^{FCF}) berechnet, indem die periodenspezifischen Free Cashflows (FCF) [47] mit dem WACC (k_s^f)

---

[44] Vgl. hierzu *Beatge/Niemeyer/Kümmel* (2005), S. 268 ff.; *Institut der Wirtschaftsprüfer* (2000), IDW S1 S. 25 ff.

[45] Vgl. hierzu *Matschke/Brösel* (2005), S. 557 ff. Zur Irrelevanzthese von Modigliani/Miller siehe *Modigliani/Miller* (1958), S. 261 – 297 bzw. *Matschke/Brösel* (2005), S. 41 ff. für weitere Ausführungen und Kritik an der Irrelevanzthese.

[46] Vgl. zur detaillierten Darstellung und Erörterung der DCF-Verfahren *Beatge/Niemeyer/Kümmel* (2005), S. 268 ff.; *Matschke/Brösel* (2005), S. 557 ff.; *Ernst/Schneider/Thielen* (2006), S. 27 ff.; *Drukarczyk* (2003), S. 199 ff.

[47] Vgl. *Beatge/Niemeyer/Kümmel* (2005), S. 283 zur Herleitung der Free Cashflows.

diskontiert werden. Bei dem sogenannten FCF-Ansatz des WACC-Verfahrens wird bei der Herleitung des FCF unterstellt, dass das Unternehmen rein eigenfinanziert ist. Eventuelle Steuerersparnisse aufgrund der Abzugsfähigkeit von Fremdkapitalzinsen werden im Cashflow nicht berücksichtigt, finden aber in der Kalkulation des Unternehmenswertes Eingang im Diskontierungssatz durch i * (1 - s), wobei s den durchschnittlichen Unternehmenssteuersatz angibt.[48] FK/GK^f stellt die mit Marktwerten gemessene Fremdkapitalquote, EK/GK^f die Eigenkapitalquote, r_s^f die Renditeforderung der Eigenkapitalgeber und i die Fremdkapitalkosten dar.

In einem zweiten Schritt wird durch Abzug des Fremdkapitals (FK) der Marktwert des Eigenkapitals (EK^{FCF}) bestimmt.

Formell lässt sich der FCF-Ansatz im Zwei-Phasen-Modell wie folgt darstellen:[49]

$$k_s^f = i \cdot (1-s) \cdot \frac{FK}{GK^f} + r_s^f \cdot \frac{EK}{GK^f} \qquad (2)$$

$$UW^{FCF} = EK^{FCF} = \sum_{t=1}^{\tau} \frac{FCF_t}{(1+k_s^f)^t} + \frac{FCF_{\tau+1}}{k_s^f \cdot (1+k_s^f)} - FK \qquad (3)$$

Ein alternativer WACC-Ansatz basiert auf den sogenannten Total Cashflows (TCF). Bei dem TCF-Ansatz werden die Effekte der Steuerersparnis nicht im Diskontierungssatz, sondern in der Berechnung des zu diskontierenden Cashflows berücksichtigt.[50]

Hinsichtlich der Behandlung von Steuereffekten sei darauf hingewiesen, dass in allen DCF-Modellen lediglich Unternehmenssteuern Beachtung finden. Laut IDW müssen jedoch ebenfalls die Steuereffekte auf Anteilseignerseite bei der Bewertung mit in Betracht gezogen werden.[51] In der Bewertungspraxis

---

[48] Zum Einfluss der Steuerersparnis durch die Abzugsfähigkeit von Fremdkapitalzinsen siehe *Modigliani/Miller* (1963), S. 433 – 443.

[49] Vgl. *Matschke/Brösel* (2005), S. 570 ff. Hinsichtlich des bestehenden Zirkularitäts-problems siehe *Beatge/Niemeyer/Kümmel* (2005), S. 305 ff.

[50] Vgl. *Beatge/Niemeyer/Kümmel* (2005), S. 284 f. zur Herleitung der Total Cashflows bzw. *Matschke/Brösel* (2005), S. 576 ff. zur formellen Darstellung des TCF-Ansatzes.

[51] Vgl. *Institut der Wirtschaftsprüfer* (2000), IDW S1 S. 11. Zum Einfluss der Steuern beim Anteilseigner siehe *Ernst/Schneider/Thielen* (2006), S. 100 ff.

wird des Öfteren auf die Modellierung dieses Effektes aus Gründen der Komplexitätsreduzierung verzichtet. Im Einzelfall ist zu überprüfen, ob die daraus resultierende eingeschränkte Aussagekraft der Bewertung vertretbar ist.

3.3.3.3 APV-Verfahren

Da es sich beim APV-Verfahren ebenfalls um ein Bruttoverfahren handelt, wird der Marktwert des Eigenkapitals in zwei Schritten ermittelt.[52]

Grundannahme ist, dass das zu bewertende Unternehmen vollständig eigenfinanziert ist. Die für das APV-Verfahren relevanten Cashflows (maßgeblich sind die FCF) werden daher ausschließlich mit der Renditeforderung der Eigenkapitalgeber des (fiktiven) unverschuldeten Unternehmens diskontiert. In Folge der angenommenen kompletten Eigenfinanzierung übernehmen die Eigenkapitalgeber kein finanzwirtschaftliches, sondern nur noch operatives Risiko.

Der durch Diskontierung der FCF ermittelte Gesamtwert des (fiktiv unverschuldeten) Unternehmens wird in einem zweiten Schritt durch Hinzurechnung des Barwerts der Steuervorteile (sogenanntes „Tax Shield") aus der anteiligen Fremdfinanzierung in den Gesamtwert des verschuldeten Unternehmens überführt. In einem letzten Schritt ist der Marktwert des Fremdkapitals zu subtrahieren, um den Marktwert des Eigenkapitals des verschuldeten Unternehmens zu bestimmen.[53]

Bei der Diskontierung der Steuervorteile ist hinsichtlich der Bestimmung des Diskontierungssatzes besonderes Augenmerk auf die vom Unternehmen geplante Finanzierungsstrategie zu legen.[54]

Probleme bereitet in der Praxis regelmäßig die Ermittlung der Renditeforderung der Anteilseigner für das (fiktiv) unverschuldete Unternehmen, da am Markt in der Regel keine unverschuldeten Unternehmen zu Vergleichszwecken ausgemacht werden können. Sind die Renditeforderungen für das verschuldete Unternehmen bekannt, und wird eine

---

[52] Vgl. zur ausführlichen Darstellung des APV-Ansatzes *Drukarczyk* (2003), S. 209 ff.; *Beatge/Niemeyer/Kümmel* (2005), S. 309 ff.

[53] Auf eine formelle Darstellung des APV-Ansatzes wird aufgrund der Ähnlichkeit zum WACC-Ansatz verzichtet. Vgl. zum APV-Ansatz *Matschke/Brösel* (2005), S. 578 ff.

[54] Es ist zwischen autonomer und unternehmenswertorientierter Finanzierungsstrategie zu unterscheiden. Vgl. hierzu *Beatge/Niemeyer/Kümmel* (2005), S. 310 f.

autonome Finanzierungsstrategie unterstellt, so lässt sich die Renditeforderung für das unverschuldete Unternehmen bestimmen.[55]

3.3.3.4 Equity-Verfahren

Das Equity-Verfahren wird als Nettoverfahren bezeichnet, da das Ergebnis der diskontierten Cashflows ohne weitere Rechenschritte den Marktwert des Eigenkapitals widergibt. Der zu diskontierende Flow-to-Equity (FTE) beinhaltet bereits die Zahlungen an die Fremdkapitalgeber wie Zins- und Tilgungszahlungen einerseits und Einzahlungen durch Aufnahme neuer Fremdkapitalmittel andereseits.[56]

Im Falle eines Zwei-Phasen Equity-Verfahrens führen *Matschke/Brösel* bezüglich der verwendeten Renditeforderung der Anteilseigner für das verschuldete Unternehmen als Diskontierungssatz auf, dass dieser vom Finanzierungs- und operativen Investitionsrisiko abhängig ist.[57] Im Falle einer unterstellten autonomen Finanzierungspolitik würde sich die Kapitalstruktur des Unternehmens im Zeitverlauf ändern, was zu periodenspezifischen Renditeforderungen der Anteilseigner, und damit zu einem – wie auch beim WACC-Verfahren – Zirkularitätsproblem führt. Durch eine wertorientierte Finanzierungspolitik kann zwar ein Zirkularitätsproblem vermieden werden, allerdings stellt die periodische Anpassung des Fremdkapitals zur Beibehaltung der Zielkapitalstruktur den Bewerter vor ein Problem bei der Ermittlung des zu diskontierenden FTE, da die zukünftigen Zinszahlungen separat geschätzt und modelliert werden müssen.

3.4 Kritische Würdigung der DCF-Verfahren

In der Bewertungspraxis finden die vorgestellten DCF-Verfahren als Standardinstrumente der Unternehmensbewertung international weit verbreitete Anwendung. Ihr kapitalmarkttheoretischer Bezug in Kombination mit weltweit anerkannten Risiko- und Finanzierungsmodellen wie dem CAPM oder der Irrelevanzthese von *Modigliani/Miller* lässt ein fundiertes Ergebnis der Unternehmenswertberechnung erwarten. Zudem sind die

---

[55] Vgl. *Mandl/Rabel* (2005), S. 70 f. Es ist darauf hinzuweisen, dass der Bewertende auch unter diesen Annahmen mit einem Zirkularitätsproblem konfrontiert ist.

[56] Vgl. *Beatge/Niemeyer/Kümmel* (2005), S. 285 f. zur Herleitung des FTE, *Matschke/Brösel* (2005), S. 582 ff. zum Zusammenhang zwischen FCF und FTE. Siehe zur formellen Darstellung des Equity-Verfahrens sowie für ausführlichen Erklärungen *Drukarczyk* (2003), S. 301 ff.

[57] Vgl. Matschke/Brösel (2005), S. 582 f.

Verfahren mit den Grundsätzen ordnungsmäßiger Unternehmensbewertung vereinbar.

Matschke/Brösel sehen hingegen den Nutzen der DCF-Verfahren aus einer anderen Sicht. Sie argumentieren, dass DCF-Verfahren zwar die Funktion der Ermittlung eines Argumentationswertes erfüllen, für die Entscheidungswertermittlung jedoch nicht geeignet sind, da sie „[…] das hypothetische Ziel der Marktwertmaximierung verfolgen [und] […] auf der heuristischen Synthese der kapitalmarkttheoretischen Ansätze des CAPM und von *Modigliani/Miller* [beruhen], welche unterschiedliche, aber generell wirklichkeitsferne Modellannahmen miteinander kombinieren"[58]. Ferner, so *Matschke/Brösel* „wirft die zu beobachtende pragmatische Verknüpfung des CAPM- und des Modigliani/Miller-Konzeptes […] weitere Schwierigkeiten auf, denn die konzeptionellen Annahmen dieser Konzepte weichen nicht nur wesentlich voneinander ab, sondern sind im Grunde sogar inkompatibel"[59]. Dies ist darauf zurückzuführen, dass z.B. der Betrachtungszeitraum des CAPM zwei Zeitpunkte oder eine Periode beträgt, während *Modigliani/Miller* in ihrem Modell die Situation einer ewigen Rente unterstellen. Ferner sind die Subjekte des CAPM risikoscheu, die der Modigliani/Miller-Welt zeichnen sich jedoch durch Präferenzfreiheit bezüglich des Risikos aus.[60]

Weitere Probleme ergeben sich in der Praxis bei den DCF-Verfahren allein aufgrund der umfangreichen und zeitaufwendigen Berechnung der zu diskontierenden Cashflows und der in diesem Zusammenhang notwendigen Erstellung von aufeinander abgestimmten Plan-Bilanzen, Plan-Gewinn- und Verlustrechnungen sowie Finanzplanungen.[61] Die Simulierung dieser Planzahlen erhöht nicht nur die in der Bewertung enthaltene Unsicherheit, sondern erweitert den Spielraum zur taktischen Beeinflussung des Bewertungsergebnisses. Des Weiteren stellt die angesprochene Zirkularität der Bewertung den Anwender vor weitere Probleme.

---

[58] *Matschke/Brösel* (2005), S. 584.

[59] *Matschke/Brösel* (2005), S. 584.

[60] Vgl. *Matschke/Brösel* (2005). S. 47.

[61] Vgl. *Institut der Wirtschaftsprüfer* (2000), IDW S1 S. 10.

4 Vergleichsorientierte Unternehmensbewertung

4.1 Konzeption

In der heutigen Bewertungspraxis kommen neben den bereits vorgestellten Ertragswert- und DCF-Verfahren auch vergleichsorientierte Bewertungs-verfahren (auch Comparative-Company-Approach (CCA), Multiplikator-verfahren bzw. kurz „Multiples" genannt) vermehrt zum Einsatz.[62] Dies liegt vor allem an der stetig steigenden Nachfrage nach den Dienstleistungen von angloamerikanischen Investmentbanken im Rahmen von Unternehmenstransaktionen, da Multiplikatorverfahren zu deren Standardinstrumenten zählen.[63]

Moxter führt aus, dass „bewerten [...] vergleichen [heißt][…]"[64], und dass „das Vergleichsobjekt [..] als Bewertungsmaßstab [dient]; eine Bewertung ohne Vergleichsobjekt bedeutet, dass das Bewertungsobjekt seinen Wertmaßstab in sich selbst trüge, dass es einer absoluten, also nicht aus gegebenen Preisen anderer Objekte abgeleiteten Wert hätte"[65].

Während bei der Anwendung von Zukunftserfolgsverfahren (wie z.B. dem DCF-Verfahren) dieser nötige Vergleich über die Ermittlung des Kalkulationszinsfusses in die Bewertung einfließt, wird beim Multiplikatorverfahren der nötige Vergleich „[…] unmittelbar und nicht durch Diskontierung […]"[65] der Cashflows von einem (oder mehreren) Vergleichsunternehmen auf das Bewertungsobjekt erzielt.

Wagner führt aus, dass Multiplikatorverfahren die wohl konsequenteste Form der marktorientierten Bewertung darstellen.[67] Grundgedanke ist, dass der Wert eines Unternehmens aus standardisierten Marktpreisen vergleichbarer Unternehmen (bzw. Transaktionen oder Börsengängen) hergeleitet wird. Die Wertermittlung erfolgt durch Gleichsetzen des Verhältnisses des bekannten Unternehmenswertes des Vergleichsunternehmens (UW_V) zu einer ebenfalls bekannten Bezugsgröße (dem sogenannten Performance Indikator) des

---

[62] Vgl. zur Anwendungshäufigkeit und Bedeutung der Multiplikatorverfahren in der Praxis *Matschke/Brösel* (2005), S. 536 f.

[63] Vgl. *Bausch* (2000), S. 449.

[64] *Moxter* (1983), S. 123.

[65] *Moxter* (1983), S. 123.

[66] *Coenenberg/Schultze* (2002), S. 697. Vgl. ferner *dies.* (2002), S. 697 zum Grundprinzip der Multiplikatormethode nach Eugen Schmalenbachs „Leistungseinheitswert" bzw. *Esty* (2000), S. 24 zum Gedanken des „Law of one Price".

[67] Vgl. *Wagner* (2005), S. 5.

Vergleichsunternehmens (X_V) mit dem Verhältnis des zu bestimmenden Unternehmenswertes des Bewertungsobjektes (UW_B) mit dem entsprechenden, bekannten Performance Indikator des Bewertungsobjektes (X_B). Es lässt sich der Unternehmenswert des Bewertungsobjektes wie folgt darstellen: [68]

$$UW_B = X_B \cdot \frac{UW_V}{X_V} \quad (4)$$

Die Verhältniszahl (UW_V / X_V) stellt dabei den Multiplikator dar. Als Performance Indikatoren können sowohl Bilanz-, GuV-Rechnungs- als auch Fundamentalkennzahlen verwendet werden. Grundvoraussetzung des gewählten Performance Indikators ist, dass dieser einen Wert größer Null aufweisen muss, da andernfalls die Multiplikatorbewertung in einem negativen Unternehmenswert resultieren würde. Eine ausführliche Beschreibung häufig verwendeter Multiplikatoren folgt in Kapitel 4.4.

Multiplikatorverfahren werden durch drei verschiedene Ausprägungen klassifiziert, wobei sich die Ausprägungen lediglich hinsichtlich der unterschiedlichen Bestimmung der, im Zähler des Multiplikators stehenden, Vergleichspreise voneinander differenzieren, die Vergleichstechnik jedoch immer der oben beschriebenen entspricht.

Die Similar Public Company Method (SPCM) greift auf den Marktpreis vergleichbarer börsennotierter Unternehmen zurück, während die Recent Acquisition Method (RAM) auf den tatsächlich gezahlten Kaufpreisen abgeschlossener und vergleichbarer Unternehmenstransaktionen aufbaut. Die Initial Public Offering Method (IPO-Ansatz) verwendet den erzielten Emissionspreis der Börseneinführung vergleichbarer Unternehmen als Maßstab.[69]

---

[68] Vgl. *Nowak* (2000), S. 159 f. *Matschke/Brösel* erweitern die Berechnungssystematik um die Addition eines „Paketzuschlags" und die Subtraktion eines „Fungibilitätsabschlags". Vgl. *Matschke/Brösel* (2005), S. 546 ff.

[69] Vgl. *Nowak* (2000), S. 160 ff.; *Mandl/Rabel* (2005), S. 75 ff.; *Wagner* (2005), S. 6 f.

4.2 Funktionen der Multiplikatorbewertung

Zu den Funktionen der Multiplikatorbewertung zählen unter anderem die Test-, Indikations- und Unterstützungs- bzw. Argumentationsfunktion.[70]

In ihrer Testfunktion stellen Multiplikatoren ein weit verbreitetes Instrument zur Plausibilitätsprüfung von Unternehmensbewertungen auf DCF-Basis dar. Weichen die Bewertungsergebnisse des DCF-Verfahrens und die des Multiplikatorverfahrens deutlich voneinander ab, so empfiehlt sich eine Überprüfung der Ergebnisse.

Stehen dem Bewertenden keine Plandaten des Unternehmens für eine DCF-Bewertung zur Verfügung, so kann die Multiplikatorbewertung eine Indikationsfunktion für den Unternehmenswert erfüllen. In dieser Funktion werden Multiplikatoren oft von Aktienanalysten genutzt, sowie im Rahmen von Börsengängen zur Einschätzung des Kapitalmarkts im Preisbildungsprozess.

Basieren Multiplikatoren auf der RAM, so können sie dazu genutzt werden, dem Bewertenden Aufschluss über die in der Vergangenheit gezahlten Kontrollprämien zu verschaffen, und ihn dabei in seiner Argumentationsfunktion unterstützen.

Das IDW sieht als Funktion von Multiplikatoren die vereinfachte Preisfindungen zur Plausibilitätskontrolle der Ergebnisse von Ertragswert- und DCF-Verfahren.[71]

Die Funktion der Multiplikatorverfahren zur Ermittlung von subjektiven Entscheidungswerten bei Unternehmenstransaktionen sorgt für Diskussionen. Kritiker argumentieren, dass Multiplikatorverfahren zwar durch den Rückgriff auf am Markt beobachtbare Preise an Bewertungsobjektivität gewinnen, diese jedoch „[…] durch einen Verlust an Subjektivität erkauft [wird]"[72]. Ferner trennen Multiplikatorbewertungen „[…] nicht zwischen den Begriffen des (subjektiven) Unternehmenswerts und dem (objektiv) beobachtbaren

---

[70] Vgl. *Löhnert/Böckmann* (2005), S. 408 ff. Für weitere Einsatzfelder der Multiplikatorbewertung siehe *Peemöller/Meister/Beckmann* (2002), S. 197 ff.; *Ernst/Schneider/Thielen* (2006), S. 161; *Seppelfricke* (2005), S. 133 ff.

[71] Vgl. *Institut der Wirtschaftsprüfer* (2000), IDW S1 S. 39.

[72] *Nowak* (2000), S. 159.

Unternehmenspreis […]"[73]. Daher sei „[…] die Bedeutung des ermittelten Wertes […] als Entscheidungswert auf jeden Fall gleich null"[74].

Peemöller/Meister/Beckmann hingegen führen aus, dass „[…] mit Hilfe des Multiplikatoransatzes zunächst ein objektivierter bzw. Stand-alone-Wert ermittelt werden [kann und] anschließend [..] subjektive Komponenten […] separat zu bewerten und dem objektivierten Wert hinzuzurechnen [sind]"[75]. Demnach stehe das Subjektivitätsprinzip nicht im Widerspruch zur Multiplikatormethode.

4.3 Klassifizierung von Multiplikatoren

Grundsätzlich steht dem Bewertenden eine Vielzahl von verschiedenen Multiplikatoren zur Verfügung. Dies rührt aus der Vielfältigkeit der möglichen Performace Indikatoren her. Eine Klassifizierung der Multiplikatoren findet anhand der im Zähler stehenden Referenzgröße statt.

Es wird zwischen Equity-Value- und Enterprise-Value-Multiplikatoren (auch Entity-Multiplikatoren genannt) unterschieden. Während bei Equity-Value-Multiplikatoren der Marktwert des Eigenkapitals (bei börsennotierten Unternehmen entspricht der Equity-Value der Marktkapitalisierung) als Referenzgröße dient, wird bei Enterprise-Value-Multiplikatoren der Marktwert des Eigenkapitals zuzüglich der Nettofinanzverbindlichenkeiten (dies entspricht dem Unternehmensgesamtwert oder Enterprise-Value, kurz EV) als Referenzgröße definiert und zielt somit auf eine von der Finanzierungsstruktur des Unternehmens unabhängige Bewertung. [76] Entsprechend liefert die Anwendung eines Equity-Value-Multiplikators als Ergebnis direkt den Eigenkapitalwert, während über EV-Multiplikatoren zunächst der Wert des Gesamtunternehmens ermittelt wird. In einem zweiten Schritt wird durch Subtraktion der Nettofinanzverbindlichkeiten des Zielunternehmens der entsprechende Marktwert des Eigenkapitals bestimmt.[77]

---

[73] *Nowak* (2000), S. 159.

[74] *Matschke/Brösel* (2005), S. 549.

[75] *Peemöller/Meister/Beckmann* (2002), S. 199.

[76] Vgl. *Löhnert/Böckmann* (2005), S. 411 f. Siehe zur Definition von Equity-Values und Enterprise-Values *Ernst/Schneider/Thielen* (2006), S. 164 ff. Zur Erklärung der einzelnen Bestandteile des EV siehe *Krolle* (2005), S. 28 ff.

[77] Vgl. *Wagner* (2005), S. 15.

Von elementarer Bedeutung ist die Konsistenz zwischen Zähler- und Nennergröße des Multiplikators. EV-Multiplikatoren errechnen sich durch die Fiktion eines unverschuldeten Unternehmens und bauen somit auf der Irrelevanzthese von *Modigliani/Miller* auf. [78] Entsprechend dürfen als Performance Indikatoren nur derartige Größen verwendet werden, die vor Zinszahlungen definiert sind.

Im Gegensatz dazu werden bei Equity-Value-Multiplikatoren Performance Indikatoren nach Zinszahlungen bzw. exklusive des Fremdkapitals verwendet.[79]

Nachdem eine Klassifizierung der Multiplikatoren erläutert wurde, soll nachfolgend auf die in der Praxis am häufigsten angewandten Multiplikatoren eingegangen werden. Besondere Beachtung soll die Herleitung und Identifikation relevanter Werttreiber der einzelnen Multiplikatoren finden sowie deren Vor- und Nachteile in der praktischen Anwendung.

Bereits an dieser Stelle sei darauf hingewiesen, dass Rechnungslegungsunterschiede zwischen den Vergleichsunternehmen und dem Zielunternehmen umso bedeutender werden, je tiefer der Performance Indikator in der Gewinn- und Verlustrechnung angesiedelt ist. [80] Die Reihenfolge der nun vorgestellten Multiplikatoren folgt den absteigenden Positionen der Gewinn- und Verlustrechnung.

4.4   Herleitung ausgewählter Multiplikatoren

4.4.1   EV/Sales-Multiplikator

Der EV/Sales-Multiplikator setzt den Unternehmensgesamtwert ins Verhältnis zum erwirtschafteten Umsatz des Unternehmens.

Da der Umsatz dem gesamten Unternehmen zur Verfügung steht und die aus ihm erwirtschafteten Erträge sowohl Fremd- als auch Eigenkapitalgebern

---

[78] Vgl. *Löhnert/Böckmann* (2005), S. 412. Der Einfluss der Finanzierungsstruktur auf die Multiplikator-Methode wird in Abschnitt 4.5 behandelt.

[79] Übersichten der gebräuchlichsten Multiplikatoren und deren Ableitung aus der Bilanz und Gewinn- und Verlustrechnung finden sich bei *Ernst/Schneider/Thielen* (2006), S. 169, *Löhnert/Böckmann* (2005), S. 412 f.; *Seppelfricke* (2005), S. 149.

[80] Vgl. *Löhnert/Böckmann* (2005), S. 414. Die Auswirkungen unterschiedlicher Rechnungslegungsvorschriften auf das Multiplikatorverfahren werden in Abschnitt 4.6 näher betrachtet.

zustehen, besteht Konsistenz zwischen Zähler und Nenner des Multiplikators.[81]

Damodaran greift zur Bestimmung der relevanten Werttreiber des EV/Sales-Multiplikators auf ein DCF-Modell zur Bestimmung des Unternehmenswertes bei unterstelltem stabilem Wachstum zurück. In diesem Fall kann der EV formell dargestellt werden als:[82]

$$EV = \frac{\text{EBIT}\,(1-t)(1-\text{Reinvestment rate})}{\text{Cost of capital} - g_n} \qquad (5)$$

EBIT =	Earnings before interest and taxes
t =	Durchschnittlicher Gesamtunternehmenssteuersatz
g_n =	Wachstumsrate

Werden beide Seiten durch den Umsatz dividiert, kann der EV/Sales-Multiplikator dargestellt werden als:

$$\frac{EV}{Sales} = \frac{\text{After - tax operating margin}\,(1 - \text{Reinvestment rate})}{\text{Cost of capital} - g_n} \qquad (6)$$

Damit sind die Werttreiber des EV/Sales-Multiplikators identifiziert. Neben der operativen Umsatzmarge nach Steuern sind die Reinvestitionsrate, die durchschnittlichen Kapitalkosten und die zukünftige Wachstumsrate des EBIT ausschlaggebend für die Höhe des Multiplikators.[83]

Zu beachten ist, dass einer Veränderung der Umsatzmarge eine zweifache Bedeutung zukommt. Eine Verschlechterung der Umsatzmarge wirkt sich direkt negativ im Zähler aus, kann des Weiteren aber auch die Wachstumsrate

---

[81] In der Praxis wird ebenfalls der Price/Sales-Multiplikator verwendet, der jedoch die Anforderung der Konsistenz von Wert und Performance Indikator verletzt. Es wird daher nur auf weiterführende Literatur verwiesen. Vgl. zur Herleitung und Werttreibern *Damodaran* (2002), S. 545 ff.; *Schwetzler/Warfsmann* (2005), S. 50 f.; *Ernst/Schneider/Thielen* (2006), S. 172 f.

[82] Vgl. zur Herleitung und zu den Werttreibern *Damodaran* (2002), S. 545 ff.; *Schwetzler/Warfsmann* (2005), S. 50 f.; *Ernst/Schneider/Thielen* (2006), S. 172 f.

[83] Vgl. *Damodaran* (2002), S. 548 f., wo ebenfalls die Herleitung des Multiplikators für den Fall eines stark wachsenden Unternehmens zu finden ist.

negativ beeinflussen und dadurch den Nenner erhöhen. Beides resultiert in einem niedrigeren Multiplikator.[84]

Der Vorteil des EV/Sales-Multiplikators ist darin zu sehen, dass der Bewertende bei der Erhebung nicht mit der Problematik eines negativen Performance Indikators konfrontiert werden kann.[85] Dadurch können auch Wachstumsunternehmen und Start-ups mit negativen Ertragsgrößen über Multiplikatoren bewertet werden.[86] Ebenfalls unterliegen Umsätze nur einem geringen Einfluss von Rechnungslegungsvorschriften und sind weniger volatil als Ertragsgrößen. Auch die in der Regel gute Verfügbarkeit von Analystenschätzungen bezüglich der zukünftigen Umsatzhöhe ist von Vorteil.

Als kritisch hingegen ist anzusehen, dass der EV/Sales-Multiplikator die Ertragskraft des Unternehmens nicht berücksichtigt, die die Grundlage jeder Bewertung sein sollte. „Ultimately, a firm has to generate earnings and cash flows for it to have value"[87] – wird ein Unternehmen jedoch nur über seinen Umsatz bewertet, so können auch verlustträchtige Unternehmen (fälschlicherweise) hoch bewertet werden. Ein weiterer Nachteil ist in voneinander abweichenden Umsatz-Definitionen zu sehen. Je nach gültiger Rechnungslegung ist danach zu differenzieren und zu bereinigen, wann ein Umsatz realisiert wird und was als Umsatz realisiert wird.[88]

4.4.2 EV/EBIT(DA)-Multiplikator

Um den Hauptkritikpunkt (Vernachlässigung der Ertragskraft des Unternehmens) des vorab dargestellten EV/Sales-Multiplikators zu überwinden, bedienen sich Praktiker des EV/EBIT(DA)-Multiplikators, dessen Performance Indikator die Ertragskraft des Unternehmens berücksichtigt.

Um die notwendige Konsistenz zwischen Zähler und Nenner des Multiplikators zu gewährleisten, muss die Ertragsgröße im Nenner als ein

[84] Vgl. *Damodaran* (2002), S. 550.

[85] Anzumerken ist, dass zwar die einzelnen Werttreiber negative Werte annehmen können, der Performance Indikator „Sales" jedoch nicht.

[86] Vgl. *Schwetzler/Warfsmann* (2005), S. 48 f.

[87] *Damodaran* (2002), S. 543.

[88] Vgl. *Ernst/Schneider/Thielen* (2006), S. 172 sowie *Schwetzler/Warfsmann* (2005), S. 52 f.

Ergebnis vor Zinsen definiert werden, welches sowohl Fremd- als auch Eigenkapitalgebern zusteht und dabei die Finanzierungsentscheidung des Unternehmens unberücksichtigt lässt. Die beiden in der Praxis am häufigsten verwendeten Ertragsgrößen für Multiplikatoren stellen das Ergebnis vor Zinsen und Steuern (Earnings before interest and taxes – EBIT) bzw. das Ergebnis vor Zinsen, Steuern, Abschreibungen und Firmenwertamortisation (Earnings before interest, taxes, depreciation and amortisation – EBITDA) dar.[89]

Zur Herleitung der Werttreiber des EV/EBITDA-Multiplikators lässt sich (stark vereinfachend) auf das WACC DCF-Modell zurückgreifen.[90] Wird in der Betrachtung ein Ein-Perioden-Fall unterstellt, so kann der Unternehmenswert UW in Abhängigkeit vom freien Cashflow der nächsten Periode (FCF_1), dem WACC und einer Wachstumsrate g formell abgebildet werden als:

$$UW = EV = \frac{FCF_1}{WACC - g} \qquad (7)$$

Der FCF kann ausgedrückt werden als:

$$FCF = EBITDA(1 - t) - DA(1 - t) - Reinvestment \qquad (8)$$

Durch Substitution und Division durch EBITDA kann der Multiplikator ausgedrückt werden als:

$$\frac{EV}{EBITDA} = \frac{(1-t) - \dfrac{DA}{EBITDA}(1-t) - \dfrac{Re\,investment}{EBITDA}}{WACC - g} \qquad (9)$$

---

[89] Vgl. bzgl. der Bestandteile und Definitionen von EBIT und EBITDA z.B. *Krolle* (2005), S. 26 ff.

[90] Vgl. zur Herleitung der Werttreiber des EV/EBITDA-Multiplikators *Damodaran* (2002), S. 503 f.

Es lassen sich somit fünf Werttreiber des EV/EBITDA-Multiplikators ausmachen. Neben dem Einfluss des (durchschnittlichen) Gesamt-unternehmenssteuersatzes t wird die Höhe des Multiplikators von den Abschreibungen und Firmenwertamortisationen (DA) und von der Höhe der notwendigen Reinvestitionen bestimmt. Des Weiteren wird der Multiplikator, wie auch der EV/Sales-Multiplikator, von dem durchschnittlichen Kapitalkostensatz und der erwarteten Unternehmenswachstumsrate beeinflusst. Die respektiven Werttreiber des EV/EBIT-Multiplikators entsprechen, mit Ausnahme der Werttreiber Abschreibungen und Firmenwertamortisation, denen des EV/EBITDA-Multiplikators.[91]

Die Vorteile des EV/EBITDA-Multiplikators sind neben der Berücksichtigung der Ertragskraft des Unternehmens darin zu sehen, dass, wie auch beim EV/Sales-Multiplikator, Vergleiche mit Unternehmen unterschiedlicher Kapitalstrukturen möglich sind.[92] Des Weiteren ist der EV/EBITDA-Multiplikator als der Ertragsmultiplikator mit der geringsten Sensibilität bezüglich unterschiedlicher Rechnungslegungsverordnungen anzusehen. So beeinflussen z.B. voneinander abweichende Abschreibungsmethoden nicht die Höhe des Multiplikators. Da das EBITDA in der Gewinn- und Verlustrechnung zudem recht weit „oben" angesiedelt ist, ist seltener mit einem negativen Performance Indikator zu rechnen.[93]

Problematisch hingegen wird die Anwendung des EV/EBITDA-Multiplikators, wenn die Vergleichsunternehmen unterschiedliche Anlageintensitäten aufweisen, da diese den Cashflow beeinflussen und den Aussagegehalt des Multiplikators verfälschen.[94]
Zwar ist der EV/EBIT-Multiplikator in der Lage, das Problem der Anwendbarkeit bei unterschiedlichen Anlageintensitäten zu überwinden, jedoch beeinflussen ihn unterschiedliche Rechnungslegungsvorschriften stärker als den EV/EBITDA-Multiplikator, so dass seine Vergleichbarkeit und Aussagekraft eingeschränkter ist als die des EV/EBITDA-Multiplikators.

---

[91] Vgl. *Damodaran* (2002), S. 508 oder auch *Richter* (2005), S. 2 f.

[92] Vgl. *Krolle* (2005), S. 47.

[93] Vgl. *Damodaran* (2002), S. 501.

[94] Vgl. *Ernst/Schneider/Thielen* (2006), S. 174 f.; *Krolle* (2005), S. 47.

4.4.3 Price/Earnings-Multiplikator

In die Kategorie der Equity-Value-Multiplikatoren fällt der Price/Earnings-Multiplikator (P/E-Multiplikator), der im Bereich der börsennotierten Unternehmen aufgrund seiner einfachen Berechnung den gängigsten Maßstab zur Beurteilung darstellt.

Der P/E-Multiplikator setzt den Marktwert des Eigenkapitals in Beziehung zum Jahresergebnis.[95] Dies kann entweder auf Kenngrößen des gesamten Unternehmens oder auf Basis der auf eine Aktie heruntergebrochenen Kenngrößen erfolgen (in diesem Fall wird der Aktienkurs ins Verhältnis zum Gewinn je Aktie gesetzt).[96] Trotz der intuitiv leichten Berechnung und Nachvollziehbarkeit des P/E-Multiplikators dürfen die fundamentalen Werttreiber, die die Höhe des Multiplikators bestimmen, nicht vernachlässigt werden.

Da die Anwendung des P/E-Multiplikators als Ergebnis direkt den Wert des Eigenkapitals angibt, sei für die Herleitung der Werttreiber auf ein DCF-Modell zurückgegriffen, welches ebenfalls direkt den Wert des Eigenkapitals ermittelt. In der einfachsten Ausprägung kann der Wert des Eigenkapitals eines Unternehmens über das statische Dividendendiskontierungsmodell von *Gordon* ermittelt werden, welches als Ausgangspunkt der Herleitung dienen soll.

Bei unterstelltem stabilem Wachstum g, einer gezahlten Dividende in Periode 1 D_1 und der Eigenkapitalkosten r entspricht der Preis einer Aktie:[97]

$$P_0 = \frac{D_1}{r - g} \qquad (10)$$

---

[95] Es liegt dabei im Ermessen des Bewertenden, ob ein Jahresergebnis vor oder nach Steuern verwendet wird. Beinhaltet die Analyse Vergleichsunternehmen aus Ländern mit unterschiedlichen Unternehmenssteuersätzen, so empfiehlt sich die Verwendung eines Ergebnisses vor Steuern um die Vergleichbarkeit zu erhöhen.

[96] Vgl. *Ernst/Schneider/Thielen* (2006), S. 176 f.

[97] Siehe grundlegend zum Gordon-Modell *Gordon/Shapiro* (1956), S. 102 ff.; *Gordon* (1962), S. 1 ff. Zur weiteren Erklärung siehe z.B. *Damodaran* (2002), S. 322 ff.; *Spremann* (2004), S. 47 ff.

D_1 kann wiederum dargestellt werden als der Gewinn E in Periode 0 multipliziert mit der Ausschüttungsquote und der Wachstumsrate $(1 + g)$. Durch Umformung kann der P/E-Multiplikator dargestellt werden als:

$$\frac{P_0}{E} = \frac{Ausschüttungsquote \cdot (1+g)}{r-g} \qquad (11)$$

Wird die Ausschüttungsquote durch $(1 - g / ROE)$ substituiert, kann der P/E-Multiplikator ausgedrückt werden als:[98]

$$\frac{P_0}{E} = \frac{(1+g) \cdot 1 - \frac{g}{ROE}}{r-g} \qquad (12)$$

Die relevanten Werttreiber sind nun leicht auszumachen. Nach Gleichung (11) und (12) ist der P/E-Multiplikator eine steigende Funktion der Ausschüttungsquote (des ROE) und der Wachstumsrate sowie eine fallende Funktion der Eigenkapitalkosten und des darin enthaltenen Risikos. Zu erwähnen ist, dass sich ein Anstieg der Wachstumsrate g in Zeiten niedrigen Zinsniveaus stärker auswirkt als in Zeiten hohen Zinsniveaus. Dies ist dadurch begründet, dass sich der Barwert der Cashflows, welche durch die Wachstumsrate in der Zukunft beeinflusst werden, bei niedrigen Zinsen stärker ändert als bei hohen Zinsen.[99]

Die Vorteile einer Bewertung mit Hilfe des P/E-Multiplikators sind unter anderem in seiner einfachen Berechnung und Interpretation, der Berücksichtigung der Ertragskraft des Unternehmens sowie der umfangreichen Berücksichtigung unternehmensspezifischer Einflussfaktoren zu sehen.[100]

Neben dem großem Einfluss von unterschiedlichen Rechnungslegungsvorschriften auf die Höhe des P/E-Multiplikators sei auf die besondere Problematik von voneinander abweichenden Kapitalstrukturen bei

---

[98] Vgl. *Herrmann/Richter* (2003), S. 199 f.; *Adrian* (2005), S. 61 ff. sowie *Damodaran* (2002), S. 470 ff. für die Herleitung der Werttreiber bei starkem Wachstum in einem zwei-stufigen Dividendendiskontierungsmodell.

[99] Vgl. *Damodaran* (2002), S. 474 bzw. *Adrian* (2005), S. 64 f.

[100] Vgl. *Ernst/Schneider/Thielen* (2006), S. 177.

Bewertungsobjekt und Vergleichsunternehmen hingewiesen. Sowohl die Eigenkapitalkosten als auch die Eigenkapitalrendite werden durch den Verschuldungsgrad des Unternehmens beeinflusst. [101] Ähnliche Kapitalstrukturen bei denen in der Analyse involvierten Unternehmen sind deshalb bei der Anwendung des P/E, und allen anderen Equity-Value-Multiplikatoren, wünschenswert. Bei länderübergreifenden Vergleichen stellt zudem die Definition der Marktkapitalisierung den Anwender vor Hindernisse. So ist z.B. darauf zu achten, ob Vorzugsaktien in der Marktkapitalisierung enthalten sind, oder ob diese dem Fremdkapital zugerechnet werden.

4.4.4   Weitere Multiplikatoren

Neben den bereits vorgestellten Multiplikatoren gibt es eine Reihe anderer, jedoch in der Praxis nicht so häufig verwendeter, Multiplikatorausprägungen. Es sei hier auf die verschiedenen Varianten des EBITDA als Performance Indikator verwiesen. Mögliche Varianten beinhalten in ihrer Berechnung z.B. Miet- und Leasingsaufwendungen (EBITDAR), Explorationskosten bei Öl- oder Mienengesellschaften (EBITDAX) oder Aufwendungen aus Aktienoptionen (EBITDASO).[102] Ebenfalls als Performance Indikatoren bei EV-Multiplikatoren eignen sich der operative Free Cashflow bzw. das Capital Employed.[103]

Im Bereich der Equity-Value-Multiplikatoren kann der P/E-Multiplikator unter Berücksichtigung der erwarteten Wachstumsrate des Unternehmens zum Price/Earnings-to-Growth Ratio (PEG) erweitert werden, wodurch die Vergleichbarkeit von Unternehmen mit unterschiedlichen Wachstumsraten erhöht werden kann.[104]

Über den Price/Book-Multiplikator sind Aussagen darüber möglich, ob ein Unternehmen an der Börse über oder unter dessen Buchwert gehandelt wird.[105]

Eine Sonderstellung unter den Multiplikatoren nehmen die sogenannten Non-Financial- oder Sektormultiplikatoren ein. Bei diesen Multiplikatoren wird als

---

[101] Vgl. *Adrian* (2005), S. 76 ff.

[102] Vgl. *Krolle* (2005), S. 47 f.

[103] Vgl. *Kuhlmann* (2005), S.59 ff.

[104] Vgl. *Damodaran* (2002), S. 487 ff. und *Adrian* (2005a), S. 79 ff.

[105] Vgl. *Damodaran* (2002), S. 511 ff. sowie *Kuhlmann* (2005a), S. 95 ff.

Performance Indikator in der Regel ein Werttreiber für den Umsatz verwendet. [106] Entsprechend sind Sektormultiplikatoren als EV-Multiplikatoren anzusehen. Mögliche Performance Indikatoren können z.B. die Anzahl der Kunden oder Abonnenten, Seitenaufrufe bei Internet-Unternehmen oder ausgestoßene Hektoliter bei Brauereien sein.[107]

Ihr Vorteil liegt darin, dass der Unternehmenswert mit dem operativen Geschäft und dem Output verbunden wird, Rechnungslegungsvorschriften so gut wie keinen Einfluss haben und eine Bewertung auch für defizitäre Unternehmen möglich wird.[108]

Nachteilig an Sektormultiplikatoren ist, dass die tatsächliche Ertragskraft der Unternehmen nicht berücksichtigt wird. Ferner ist kritisch zu untersuchen, inwieweit verwendete Performance Indikatoren in zukünftige Erträge münden werden.[109]

4.5 Durchführung der Multiplikatormethode

4.5.1 Systematisierung der Multiplikatorbewertung

Nachdem sowohl die Konzeption der Multiplikatorbewertung als auch die Klassifizierung und Herleitung der gebräuchlichsten Multiplikatoren dargelegt wurde, wird im Folgenden Abschnitt auf die einzelnen Schritte einer Multiplikatorbewertung nach der SPCM eingegangen.[110]

Nach *Löhnert/Böckmann* kann eine systematische Multiplikatorbewertung in mehrere Schritte gegliedert werden. Nach der vorangestellten Analyse des Bewertungsobjektes sind die zu verwendeten Multiplikatoren zu wählen. Im nächsten Schritt wird eine repräsentative, dem Bewertungsobjekt ähnliche, Gruppe von Vergleichsunternehmen ermittelt. Nach erfolgreicher Bestimmung der Vergleichsunternehmen werden die Finanzdaten dieser Unternehmen erhoben, bereinigt und durch statistische Mittelwertbildung zu einem aggregierten Vergleichsgruppenmultiplikator überführt. Dieser wird,

---

[106] Vgl. *Ernst/Schneider/Thielen* (2006), S. 179.

[107] Vgl. *Seppelfricke* (2005), S. 154 f.

[108] Vgl. grundlegend zu Sektormultiplikatoren *Damodaran* (2002), S. 565 ff.

[109] Die Bewertung eines Internetunternehmens auf Basis von Seitenaufrufen kann zu einem hohen Unternehmenswert führen, der jedoch dann irreführend ist, wenn die Seitenaufrufe keine Erträge generieren (siehe z.B. Amazon bzw. eBay).

[110] Auf die Erläuterung des Ablaufes einer Multiplikatorbewertung nach der RAM oder des IPO-Ansatzes wird hier verzichtet, da diese in der Praxis eine der SPCM untergeordnete Bedeutung haben.

entsprechend Gleichung (4), zur Errechnung des Unternehmenswerts (oder direkt des Eigenkapitalwertes bei Verwendung von Equity-Value-Multiplikatoren) des Bewertungsobjektes herangezogen. Abschließend werden die Ergebnisse der Bewertung interpretiert.[111]

4.5.2 Analyse des Bewertungsobjektes

Um eine fundierte Bewertung auf Basis von Multiplikatoren gewährleisten zu können, ist lt. *Nowak* eine intensive Analyse der ökonomischen Rahmenbedingen sowie der wirtschaftlichen Lage des zu bewertenden Unternehmens zwingend erforderlich.[112] Durch die Analyse entwickelt der Bewertende ein detailliertes Verständnis der charakteristischen Eigenschaften des zu bewertenden Unternehmens. Dies ist „[…] [eine] zwingende Voraussetzung, um überhaupt vergleichbare Unternehmen suchen zu können"[113].

Im Rahmen einer ökonomischen Analyse werden, unter anderem, qualitative Daten des Unternehmens, wie etwa dessen Branchenzugehörigkeit, Vertriebswege, Absatzmärkte, Wettbewerbssituation und die Qualität des Managements untersucht. Ergänzend wird die zukünftige Gewinn- und Umsatzentwicklung geschätzt. In einer quantitativen Finanzanalyse wird schließlich die wirtschaftliche Lage des Bewertungsobjektes betrachtet.

Besondere Bedeutung kommt der Branchenzugehörigkeit des Unternehmens als Basis für die Bestimmung von Vergleichsunternehmen zuteil.[114]

In der Praxis erfolgt die Analyse des Unternehmens häufig unter Zuhilfenahme eines Information Memorandums (IM). Bei Unternehmenstransaktionen (im frühen Stadium) werden im IM denen am Prozess beteiligten Parteien detaillierte Angaben zum betreffenden Unternehmen, dessen Branche und Wettbewerber, bereitgestellt. In der Regel werden zukünftige Planzahlen des Unternehmens nicht im IM dargestellt, sondern erst im späteren Transaktionsstadium in verschiedenen Due Dilligence-Berichten bekannt gemacht. Weitere Informationsquellen stellen, neben Geschäftsberichten und Jahresabschlüssen, Datenbankbetreiber wie Reuters und Bloomberg dar.

---

[111] Vgl. *Löhnert/Böckmann* (2005), S. 410 ff.; *Seppelfricke* (2005), S. 140 ff.

[112] Vgl. *Nowak* (2000), S. 161 f.

[113] *Nowak* (2000), S. 161 f.

[114] Vgl. *Wagner* (2005), S. 13 f.

4.5.3 Ermittlung der Vergleichsunternehmen

„Die Güte der Bewertung steht und fällt mit der Auswahl geeigneter Vergleichsunternehmen"[115]. Da es in der Realität selten ein, zum Bewertungsobjekt exakt vergleichbares Unternehmen gibt, wird eine Gruppe vergleichbarer Unternehmen bestimmt. Diese Gruppe soll in ihrer Gesamtheit dem Bewertungsobjekt möglichst nahe kommen und gleichzeitig einen robusten Vergleichsmaßstab ermöglichen.[116] Es wird eine Mindestgröße der Gruppe von fünf Unternehmen empfohlen.[117]

Nach *Löhnert/Böckmann* ist die Branche bzw. das jeweilige Branchensegment das entscheidende Kriterium, um Unternehmen vergleichen zu können. Dies gilt sowohl für die SPCM, die RAM und den IPO-Ansatz.[118] Die zugrunde liegende Annahme ist dabei, dass Unternehmen innerhalb derselben Branche in der Regel ähnliche Wachstums-, Risiko- und Cashflowprofile vorweisen und dadurch Vergleichbarkeit gegeben ist. Diese Sichtweise wird weitestgehend in der Literatur anerkannt und findet entsprechend in der Praxis weit verbreitete Anwendung.[119] So führt *Wagner* aus, dass „eine erste Eingrenzung der Vergleichsunternehmen [..] zumeist anhand der Branche [erfolgt]"[120]. Die Branchenzugehörigkeit wird in der Praxis häufig über die US-amerikanischen Standard Industry Classification Codes (SIC-Codes) oder über das Northern American Industry Classification System (NAICS) ermittelt.[121]

Neben der Branchenzugehörigkeit wird die Unternehmensgröße als wichtiges Vergleichskriterium angesehen, da Unternehmen gleicher Größenordnung in der Regel ähnliche Kapitalstrukturen aufweisen.[122] Ferner kann die

---

[115] *Peemöller/Meister/Beckmann* (2002), S. 203.

[116] Vgl. *Peemöller/Meister/Beckmann* (2002), S. 203 f.

[117] Vgl. *Ernst/Schneider/Thielen* (2006), S. 182. In der Regel sollte eine kleinere Gruppe sehr ähnlicher Unternehmen einer größeren Gruppe mit z.T. weniger ähnlichen Unternehmen vorgezogen werden. Vgl. *Beckmann/Meister/Meitner* (2003), S. 104.

[118] Vgl. *Löhnert/Böckmann* (2005), S. 414 f.

[119] In den USA ist das Kriterium der Brachenvergleichbarkeit bei Multiplikatorbewertungen gesetzlich vorgeschrieben. Vgl. *IRS Revenue Ruling* 59-50, Sec. 4 (h).

[120] *Wagner* (2005), S. 14.

[121] Nach *Alford* resultiert eine Klassifizierung der Branche anhand der ersten drei SIC-Code Zahlen in einer relativ effizienten Bewertung. Vgl. *Alford* (1992), S. 106 f.

[122] Vgl. *Löhnert/Böckmann* (2005), S. 415.

Firmengröße als Indikator für Wachstumsoptionen, Profitabilität und Risiko angesehen werden.[123]

Ernst/Schneider/Thielen führen weitere Kriterien für die Vergleichbarkeit von Unternehmen auf. Dazu zählen etwa ähnliche Steuer- und Rechnungslegungssysteme, die Reifephase der Unternehmen sowie gesetzliche und politische Rahmenbedingungen.[124]

4.5.4 Bestimmung eines geeigneten Multiplikators

„Sofern herangezogene Referenzunternehmen in jeder Hinsicht vergleichbar zum Bewertungsobjekt sind (ausgenommen Skalierungsunterschiede), wird die Wahl des Multiplikators bzw. Bezugsgröße keine Rolle spielen"[125]. Da dieser Fall jedoch in der Realität selten gegeben ist, stellt die Auswahl eines, der Bewertungssituation angemessenen Multiplikators eine weitere wesentliche Aufgabe des Bewertenden dar.

Eine fundierte Multiplikatorauswahl lässt sich nach *Beckmann/Meister/Meitner* in einen zweistufigen Prozess gliedern.[126] Im ersten Schritt wird die Wahl getroffen, ob ein Equity-Value- oder EV-Multiplikator verwendet werden soll. Im zweiten Schritt wird über die Wahl des Performance Indikators entschieden.

Bezüglich der Wahl zwischen Equity-Value-Multiplikatoren und EV-Multiplikatoren stellen *Schreiner/Spremann* fest, dass die Bewertungsgenauigkeit von Equity-Value-Multiplikatoren derer von EV-Multiplikatoren überlegen ist.[127] Dies wird darauf zurückgeführt, dass die Ermittlung des Marktwerts der Nettofinanzverbindlichkeiten im Rahmen der EV-Multiplikatorbewertung mit erheblicher Unsicherheit verbunden ist und dadurch das Bewertungsergebnis negativ beeinflusst wird.

Generell gibt es in der wissenschaftlichen Literatur keine Hinweise darauf, dass es für die verschiedenen Bewertungssituationen jeweils einen „richtigen" zu verwendenden Multiplikator gibt. Zwar gibt es Untersuchungen

---

[123] Vgl. *Wagner* (2005), S. 13.

[124] Vgl. *Ernst/Schneider/Thielen* (2006), S. 181 ff. Ähnliche Vergleichskriterien finden sich bei *Peemöller/Meister/Beckmann* (2002), S. 204 f.

[125] *Wagner* (2005), S. 16.

[126] Vgl. Beckmann/Meister/Meitner (2003), S. 104.

[127] Vgl. *Schreiner/Spremann* (2007), S. 16 f. Zu ähnlichen Resultaten gelangen *Alford* sowie *Liu/Nissim/Thomas*. Vgl. *Alford* (1992), S. 1 ff.; *Liu/Nissim/Thomas* (2002), S. 1 ff.

die belegen, dass Multiplikatoren auf Unternehmensgewinnbasis bessere Ergebnisse erzielen als Multiplikatoren auf Basis von Cashflows, allerdings lassen sich daraus keine gültigen Verallgemeinerungen auf individuelle Bewertungssituationen ziehen.[128]

Die konkrete Auswahl der verwendbaren Multiplikatoren hängt vielmehr von den Charakteristika des zu bewertenden Unternehmens ab. Beachtung sollten in diesem Zusammenhang die Branchenzugehörigkeit des Unternehmens sowie dessen Wachstumsprofil, Kapitalintensität und Ertragssituation finden.[129]

Nach *Wagner* sollte der verwendete Multiplikator einen höchstmöglichen Grad an objektspezifischen Informationen aufnehmen, da sich nur in ihm zielunternehmensspezifische Faktoren wiederfinden lassen.[130] Die Informationen sollten möglichst eng mit der eigentlichen Wertgenerierung in Verbindung stehen und sich durch eine vergleichsweise geringe Volatilität auszeichnen.

In der Praxis hängt die Wahl des Multiplikators ebenfalls, in nicht zu unterschätzendem Maße, von der Verfügbarkeit entsprechender Daten der in der Analyse berücksichtigen Unternehmen ab.

4.5.5 Auswahl der Bewertungsperiode

Multiplikatorenbewertungen, anders als DCF-Verfahren, sind statische Verfahren und verfolgen das Prinzip einer Einperiodenorientierung. Dies führt dazu, dass die Bewertungen stark sensitiv hinsichtlich Änderungen des Performance Indikators sind, und somit der Wahl eines geeigneten Basisjahres für die Erhebung des Performance Indikators hohe Bedeutung zukommt.[131]

---

[128] Vgl. *Liu/Nissim/Thomas* (2007), S. 1 ff. *Lie/Lie* belegen in einer Studie, dass unter den EV–Multiplikatoren der EV/Asset-Multiplikator die höchste Schätzgenauigkeit, der EV/Sales-Multiplikator hingegen die geringste Schätzgenauigkeit aufweist. Ferner zeigen sie, dass im Vergleich zum EV/EBIT-Multiplikator der EV/EBITDA-Multiplikator bessere Schätzergebnisse liefert. Vgl. *Lie/Lie* (2002), S. 47 ff.

[129] Vgl. *Löhnert/Böckmann* (2005), S. 414. Es sei an dieser Stelle rekapitulierend auf die Vor- und Nachteile der einzelnen Multiplikatoren aus Abschnitt 4.4 verwiesen, die ihre Eignung in den verschiedenen Bewertungssituationen determinieren.

[130] Vgl. *Wagner* (2005), S. 17

[131] Vgl. *Wagner* (2005), S. 17 f.

Grundsätzlich ist vom Bewertenden die Entscheidung zu treffen, ob als Bewertungsperiode ein vergangenes Geschäftsjahr verwendet wird oder zu erwartende Zahlen einer zukünftigen Periode. [132] Der Vorteil einer historischen Bewertungsperiode ist darin zu sehen, dass die nötigen Finanzdaten zur Multiplikatorberechnung aus geprüften Jahresabschlüssen entnommen, und eventuell notwendige Ergebnisbereinigungen vorgenommen werden können.[133]

Nachteilig an einem historischen Basisjahr ist dagegen, dass Bewertungen dem Prinzip der Zukunftsorientierung folgen sollten, und zusätzlich bei Multiplikatorbewertungen Konsistenz zwischen Zähler und Nenner des Multiplikators bestehen sollte. Da der Zähler, bedingt durch die Komponente der Marktkapitalisierung, zukunftsgerichtet ist, sollte es sich bei dem Basisjahr des Performance Indikators ebenfalls um ein in der Zukunft liegendes Geschäftsjahr handeln. Historische Daten sind lediglich in Ausnahmefällen zu verwenden, etwa wenn keine, oder nur unzureichende Schätzungen bezüglich zukünftiger Performance Indikatoren vorliegen.[134]

In der Praxis wird für die Ermittlung zukünftiger Performance Indikatoren in der Regel auf Analystenschätzungen zurückgegriffen. Hierbei ist neben der Anzahl der Schätzungen auch auf die steigende Unsicherheit der Schätzungen zu achten, wenn diese zwei oder drei Jahre in der Zukunft liegende Geschäftsjahre abbilden. Auf Schätzungen basierende Multiplikatoren sind daher umso verlässlicher, je mehr aktuelle Analystenschätzungen existieren und je geringer deren Streuungen sind. Informationsdienste wie Bloomberg, Reuters und Factset bieten zur einfacheren, praktischen Anwendung sogenannte Consensus Estimates an, welche die durchschnittliche Analystenschätzung zur Höhe eines Performance Indikators abbilden.[135]
Die Verwendung von zukünftigen Performance Indikatoren ist verbreitet und akzeptiert. Dies liegt an ihrer, durch empirische Untersuchungen belegten

---

[132] Diese Frage stellt sich nur bei der Anwendung der SPCM, da zukünftige Schätzungen naturgemäß weder für Unternehmenstransaktionen im Rahmen der RAM noch für zukünftige Börsengänge (IPO-Ansatz) verfügbar sind.

[133] Vgl. *Löhnert/Böckmann* (2005), S. 415.

[134] Vgl. *Wagner* (2005), S. 17 f.

[135] Vgl. *Ernst/Schneider/Thielen* (2006), S. 188 ff.

Vorteilhaftigkeit. Sowohl *Schreiner/Spremann* als auch *Liu/Nissim/Thomas* kommen in ihren Arbeiten zu dem Schluss, dass Multiplikatoren, basierend auf geschätzten zukünftigen Performance Indikatoren, bessere Bewertungsergebnisse erzielen als anhand historischer Finanzdaten. [136] In einer Untersuchung kommen *Lie/Lie* zu dem Ergebnis, dass die Schätzgenauigkeit des P/E-Multiplikators erhöht werden kann, wenn dieser auf zukünftigen Gewinnschätzungen, anstelle von historischen Gewinnen, basiert.[137]

Als Ergänzung zu einer Einperiodenbetrachtung werden Multiplikatoren in der Praxis oft über sowohl historische als auch zukünftige Bewertungsperioden ermittelt. So ist es üblich, Multiplikatoren beispielsweise jeweils für die vergangenen und zukünftigen drei Geschäftsjahre abzubilden. Dadurch kann die historische und zukünftige Entwicklung des Unternehmenswertes modelliert, und die Höhe des aktuellen Multiplikators im Zeitverlauf relativiert werden. Um der Zukunftsbezogenheit der Bewertung Rechnung zu tragen, können historische Multiplikatoren ebenfalls auf denen in den vergangenen Geschäftsjahren aktuellen Analystenschätzungen errechnet werden (Historical forward-looking Multiplikatoren).

4.5.6 Datenerhebung und Bereinigung

Sind eine ausreichend große Anzahl an Vergleichsunternehmen, geeignete Multiplikatoren und Bewertungsperioden bestimmt, werden in einem nächsten Schritt die Finanzdaten der Vergleichsunternehmen erhoben und gegebenenfalls bereinigt, da Multiplikatoren auf Basis nachhaltiger Ergebnisse berechnet werden.[138]

Die Datenerhebung erfolgt, bei Anwendung der SPCM, in der Regel über Datenbankabfragen bei Informationsdienstleistern wie Bloomberg, Reuters

---

[136] Vgl. *Schreiner/Spremann* (2007), S. 18 f. In einer früheren Arbeit belegten *Liu/Nissim/Thomas* anhand von ausschließlich US-amerikanischen Vergleichsunternehmen eine höhere Schätzgenauigkeit von zukunftsgerichteten Multiplikatoren. Vgl. *Liu/Nissim/Thomas* (2002), S. 162 f. In einer aktuellen Studie kommen die Autoren zu dem Selben Ergebnis, diesmal jedoch auf internationaler Ebene. Vgl. *dies.* (2007), S. 11. Ein allgemeiner Rückschluss sollte aus diesen Ergebnissen nicht gezogen werden, da nur einzelne Multiplikatoren betrachtet wurden.

[137] Vgl. *Lie/Lie* (2002), S. 47 ff.

[138] Vgl. *Löhnert/Böckmann* (2005), S. 416.

oder Factset. Der Vorteil dieser Erhebungsform ist, dass Daten für eine beliebig große Anzahl an Vergleichsunternehmen binnen sehr kurzer Zeit ermittelt werden können. Da die verschiedenen Informationsdienstleister ihre Datenbankfunktionen häufig in Tabellenkalkulationsprogrammen wie Excel integriert haben, lassen sich verschiedenste Bewertungstemplates entwerfen und zu integrierten Bewertungsmodellen kombinieren. Die Abfrage der Daten erfolgt durch Eingabe des Vergleichsunternehmenstickers, der relevanten Bewertungsperioden und der gewünschten Multiplikatoren. Dies geht mit einer entsprechend großen Zeitersparnis einher, da die Datenerhebung im traditionellen Stil den Rückgriff auf die einzelnen Jahresabschlüsse der Vergleichsunternehmen erforderlich macht, was je nach Anzahl der Vergleichsunternehmen und relevanten Bewertungsperioden viel Zeit in Anspruch nimmt.

Im Folgenden müssen die erhobenen Daten auf Plausibilität und eventuell notwendige Bereinigen untersucht werden. So verlangt es die Bewertungssorgfalt, dass die elektronisch erhobenen Daten stichprobenartig mit den Daten der von den Vergleichsunternehmen veröffentlichten Jahresabschlüssen abgeglichen werden. Die erhobenen Daten sind insbesondere hinsichtlich außerordentlicher Effekte, wie z.B. Erträge aus dem Verkauf einzelner Unternehmenssegmente, und den damit einhergehenden Steuereffekten, zu bereinigen.

Besondere Aufmerksamkeit sollte „Ausreißern" zuteil werden. Als „Ausreißer" wird ein Vergleichsunternehmen mit einem, relativ zu den anderen Vergleichsunternehmen, sehr hohen oder niedrigen Multiplikator bezeichnet. Zu untersuchen ist, ob der stark abweichende Wert des Multiplikators durch einen Fehler bei der Datenerhebung oder durch außerordentliche Unternehmenseffekte verursacht wurde. Kann die Ursache nicht identifiziert oder durch die Rückrechnung von Sondereffekten in den Finanzdaten bereinigt werden, empfiehlt es sich, das Unternehmen aus der Vergleichsgruppe zu eliminieren.

4.5.7 Aggregierung der Vergleichsunternehmen

Wurden die einzelnen Multiplikatoren der Vergleichsunternehmen berechnet (und gegebenenfalls gewichtet), werden sie anschließend über eine statistische Schätzgröße verdichtet. Dadurch entsteht aus den Einzelmultiplikatoren der Grundgesamtheit ein, für die Gruppe, möglichst repräsentativer Durchschnittsmultiplikator. Als Schätzgröße zur Aggregierung kommen in der Praxis vermehrt das arithmetische Mittel und der Median zum Einsatz. Weitere Ansätze stellen das harmonische Mittel und die Regressionsanalyse dar.

Nach *Seppelfricke* stellt das arithmetische Mittel dann einen effizienten (varianzminimalen) Schätzer für den Erwartungswert der Grundgesamtheit dar, wenn die einzelnen Multiplikatoren der Vergleichsgruppe einer Normalverteilung unterliegen.[139] Da Multiplikatoren in der Regel jedoch nicht symmetrisch normalverteilt sind, ist eine effiziente Schätzung über das arithmetische Mittel selten gegeben. Sofern Ausreißer nicht im Vorfeld aus der Vergleichsgruppe eliminiert wurden, ergeben sich bei der Verwendung des Mittelwertes starke Verzerrungen bei der Ermittlung des aggregierten Multiplikators und daraus resultierend eine eingeschränkte Aussagekraft.

Eine geringere Sensibilität hinsichtlich vorhandenen Ausreißerwerten weißt der Median als Schätzgröße auf. Er reflektiert damit das Zentrum der Verteilung besser als das arithmetische Mittel.[140]

Eine weitere Schätzgröße stellt das harmonische Mittel dar. *Schwetzler* führt am Beispiel des P/E-Multiplikators die Vorteilhaftigkeit der Verwendung des harmonischen Mittels auf.[141] Auch *Adrian* erachtet „[…] die ökonomische Interpretation des harmonischen Mittelwertes (Gewinnrendite) als sinnvoll und gut geeignet für die Anwendung bei der Mittelwertbildung von Vergleichsmultiplikatoren"[142]. Empirische Untersuchungen kommen zu dem Ergebnis, dass das harmonische Mittel als Schätzgröße zu besseren

---

[139] Vgl. *Seppelfricke* (2005), S. 161.

[140] Vgl. *Seppelfricke* (2005), S. 162.

[141] Vgl. *Schwetzler* (2003), S 88 f.

[142] *Adrian* (2005), S. 69. Siehe *ders.* (2005), S. 67 ff. für weitergehende Erklärungen zum harmonischen Mittel.

Bewertungsergebnissen führt als die Verwendung des arithmetischen Mittels oder des Medians.[143]

In der Regressionsanalyse kann die Beziehung eines Multiplikators zu dessen Werttreibern formell ausgedrückt werden. Anzumerken ist, dass die Aggregation mittels Regressionsanalyse in der Praxis vermehrt bei der Bewertung von Banken, Versicherungen und anderen Finanzdienstleistungsunternehmen üblich ist.[144] Probleme bei diesem Ansatz sind, unter anderem, in der Multikolinearität der unabhängigen Variablen (die Werttreiber des Multiplikators) untereinander zu sehen. Dies kann zu unzuverlässigen Koeffizienten in der Regressionsgleichung und daraus resultierenden Fehlbewertungen führen.[145]

4.5.8 Ergebnisermittlung

Nach erfolgter Aggregierung der Multiplikatoren zu einem einzelnen Vergleichsgruppenmultiplikator kann der Wert des Bewertungsobjektes ermittelt werden. Dieser ergibt sich als Produkt aus Vergleichsgruppenmultiplikator und dem entsprechenden Performance Indikator des Bewertungsobjektes.[146] Je nachdem, ob Equity-Value- oder EV-Multiplikatoren verwendet werden, spiegelt das Ergebnis den Wert des Eigenkapitals respektive den Wert des Gesamtunternehmens wider.

In der Praxis erfolgt die Bewertung meist auf Basis mehrerer Multiplikatoren. So ist es üblich, das Bewertungsobjekt über einen EV/Sales, EV/EBIT(DA) und P/E-Multiplikator zu bewerten. Im Idealfall liegen alle Bewertungsergebnisse nahe beieinander, sodass eine Wertindikation ohne größere Unsicherheit gewährleistet ist. In der Regel ergeben sich aber voneinander abweichende Wertindikationen.[147] Die Differenzen machen eine weitergehende Interpretation und einen Plausibilitätscheck der Ergebnisse durch den Bewertenden erforderlich.

---

[143] Vgl. *Baker/Ruback* (1999), S. 15 ff.; *Liu/Nissim/Thomas* (2002), S. 156 ff.

[144] Vgl. *Ernst/Schneider/Thielen* (2006), S. 219.

[145] Zu den Problemen des Regressionsansatzes beim P/E-Multiplikator siehe z.B. *Damodaran* (2002), S. 485 f.

[146] Vgl. Abschnitt 4.1.; Gleichung (4).

[147] Vgl. *Löhnert/Böckmann* (2005), S. 416.

4.5.9 Bewertungszu- und -abschläge

Eine endgültige Wertfindung lässt sich häufig nur durch nachträgliche Bewertungszu- oder -abschläge auf den indikativen Unternehmenswert erreichen.[148] Sie dienen dem Ausgleich verbliebener bewertungsrelevanter Unterschiede zwischen dem Bewertungsobjekt und der Vergleichsgruppe oder zielen auf die Berücksichtigung der individuellen Transaktionssituation ab.[149] Wie vorab erörtert, handelt es sich bei den Bewertungszu- und -schlägen hauptsächlich um zu berücksichtigende Kontrollprämienzuschläge bzw. Abschläge. Abschläge werden u.a. aufgrund mangelnder Fungibilität des in der Transaktion maßgeblichen Unternehmensanteils erhoben.[150] Abschließend lässt sich sagen, dass Bewertungszu- und -abschläge nur sehr vorsichtig vorgenommen werden sollten und als ultima ratio anzusehen sind.

4.6 Problemfelder der Multiplikatormethode

4.6.1 Ansatz zur Vergleichsgruppenbestimmung

Die Bestimmung von Vergleichsunternehmen stellt die größte Quelle von Unsicherheit und Fehlerpotential in der Multiplikatorbewertung dar. Jedes Unternehmen ist streng genommen für sich ein Unikat, und ein völlig vergleichbares Unternehmen zu finden wird in der Realität nicht möglich sein. Es ist daher erforderlich, die Kriterien der Vergleichbarkeit entsprechend der jeweiligen Bewertungssituation weiter zu fassen. Dies sollte nicht mit mangelnder Genauigkeit oder Akribie verwechselt werden, denn schließlich liegt jedem Bewertungsansatz eine gewisse Pragmatik und Komplexitätsreduktion zugrunde, was jedoch nicht mit einer Verwerfung des Ansatzes einhergehen sollte.[151]

Im Hinblick auf die Kriterien der Vergleichbarkeit besteht weiterhin grundsätzlicher Diskussionsbedarf. In der Praxis wird regelmäßig der Ansatz verfolgt, branchenfremde Unternehmen gar nicht erst in die Grundgesamtheit möglicher Vergleichsunternehmen aufzunehmen. Ausschließlich in derselben

---

[148] Vgl. *Peemöller/Meister/Beckmann* (2002), S. 205 f.

[149] Vgl. *Beckmann/Meister/Meitner* (2003), S. 105. Bei sorgfältiger Bestimmung der Vergleichsunternehmen sollten Bewertungszu- und -abschläge für Unterschiede zwischen Bewertungsobjekt und Vergleichsgruppe nur noch der Feinjustierung dienen.

[150] Vgl. *Nowak* (2000), S. 167 f. Zur Höhe der Zu- und Abschläge siehe z.B. *Matschke/Brösel* (2005), S. 547 f. und die dort angegebene Literatur.

[151] Vgl. *Peemöller/Meister/Beckmann* (2002), S. 199.

Branche tätige Unternehmen werden als mögliche Vergleichskandidaten gehandelt. Der Ansatz der Branchenbestimmung ist jedoch sowohl für das Bewertungsobjekt als auch für die Vergleichsunternehmen mit Problemen behaftet, da Unternehmen, aufgrund ihrer mehr oder minder starken Diversifikation, im seltensten Fall als „Pure Plays" bezeichnet werden können. Die Identifikation des Haupttätigkeitsfeldes und der Branchenzugehörigkeit des Bewertungsobjektes kann daher mitunter zu Problemen führen.

Ebenfalls muss bei der brachenorientierten Suche nach Vergleichsunternehmen die Verfügbarkeit von Marktpreisen entsprechend des gewählten Multiplikatoransatzes (SPCM, RAM oder IPO-Ansatz) sichergestellt werden. „Für spezielle Branchen ist es aufgrund der Größe des deutschen Kapitalmarktes oftmals schwierig, entsprechende [Vergleichsunternehmen] […] auszumachen" [152] und gleichzeitig eine Mindestvergleichsgruppengröße zu gewährleisten. „The trade-off is therefore a simple one. Defining an industry more broadly increases the number of comparable firms, but it also results in a more diverse group"[153].

4.6.2 Vorzunehmende Bereinigungen

4.6.2.1 Finanzierungsstruktur der Vergleichsunternehmen

Besteht die Vergleichsgruppe aus Unternehmen, die untereinander und im Vergleich mit dem Bewertungsobjekt voneinander abweichende Finanzierungsstrukturen aufweisen, sollte auf diesen Tatbestand bereinigend eingewirkt werden.

In der Literatur wird empfohlen, in diesem Fall auf EV-Multiplikatoren auszuweichen, "[…] da diese in der Lage seien, unterschiedliche Finanzierungsstrukturen auszugleichen" [154]. *Coenenberg/Schultze* hingegen belegen an einem Beispiel, dass auch EV-Multiplikatoren (ohne entsprechende Bereinigungen) Unterschiede in den Kapitalstrukturen der Unternehmen nicht kompensieren können. Sie kommen zu dem Schluss, dass eine Bereinigung des Kapitalstruktureffektes durch Anpassung der in

[152] *Wagner* (2005), S. 14.

[153] *Damodaran* (2002), S. 463.

[154] *Coenenberg/Schultze* (2002), S. 702.

Multiplikatoren erthaltenen WACC auch bei EV-Multiplikatoren erforderlich ist.[155]

4.6.2.2 Rechnungslegungsvorschriften und Steuern

Bezüglich der Wahl des Performance Indikators ist, wie erwähnt zu beachten, dass je tiefer dieser in der Gewinn- und Verlustrechnung angesiedelt ist, sich unterschiedliche Rechnungslegungsvorschriften zwischen den Vergleichsunternehmen umso stärker auswirken können. Ferner ist bei der Erhebung der Finanzdaten auf eine kongruente Definition der Größen EBIT(DA), Earnings before taxes (EBT) sowie Net Income (u.a.) bei den Vergleichsunternehmen und dem Bewertungsobjekt zu achten, da es kein „standardisiertes" Ermittlungsverfahren für diese Größen gibt. Beinhalten diese Performance Indikatoren voneinander abweichende Komponenten wie z.B. außerordentliche Aufwendungen und Erträge oder Beteiligungsergebnisse, so leidet darunter die Vergleichbarkeit der resultierenden Multiplikatoren und die Bewertungsgenauigkeit.[156]

Um den Einfluss von Bilanzierungsspielräumen und Rechnungs-legungsvorschriften möglichst gering zu halten, wird die Anwendung des EV/Sales-Multiplikators empfohlen. Jedoch kann auch dieser Multiplikator (bei einer internationalen Vergleichsgruppe) von unterschiedlichen Rechnungslegungsvorschriften betroffen sein.

Ein Beispiel hierfür ist die Ertragsrealisation bei Anlagenbauern und Bauunternehmen. Während gemäß HGB Unternehmen nach der Completed-Contract-Method Umsätze zu realisieren haben, ist nach IAS bzw. US-GAAP die Anwendung der Percentage-of-Completion-Method zulässig. Dies schränkt die Vergleichbarkeit der ausgewiesenen Umsätze ein.[157] Des Weiteren können sich aus der Art der Konsolidierung von Beteiligungen Probleme ergeben, falls Konzernunternehmen bei einem Anteil von weniger als 100% voll konsolidiert werden bzw. Equity Konsolidierungen vorliegen.[158]

Werden Vergleichsunternehmen auf internationaler Ebene mit in die Multiplikatorbewertung integriert, so stellt die unterschiedliche Höhe der

---

[155] Vgl. *Coenenberg/Schultze* (2002), S. 702.

[156] Vgl. *Ernst/Schneider/Thielen* (2006), S. 171.

[157] Vgl. *Ernst/Schneider/Thielen* (2006), S. 172.

[158] Vgl. *Schwetzler/Warfsmann* (2005), S. 52 ff.

Unternehmensbesteuerung in den verschiedenen Ländern ein Problem für den Bewertenden dar. Wird für die Bewertung ein Performance Indikator gewählt, der nach Abzug der Unternehmenssteuer definiert ist (wie etwa der P/E-Multiplikator), so ist dessen Aussagekraft als stark beschränkt anzusehen.[159]

4.7 Bestimmung von Vergleichsunternehmen anhand fundamentaler Werttreiber

Um die erwähnten Probleme der Vergleichsgruppenbestimmung zu lösen, wird in der wissenschaftlichen Literatur ein von der Praxis abweichender Ansatz zur Bestimmung von Vergleichsunternehmen empfohlen. Demnach werden Vergleichsunternehmen nicht anhand der Branche des Bewertungsobjektes bestimmt, sondern basierend auf der Vergleichbarkeit ihrer fundamentalen Werttreiber. Diese Methode soll im Folgenden als Werttreiberansatz bezeichnet werden.

Nach *Damodaran* ist die Vergleichbarkeit von Unternehmen nicht primär in der Branchenzugehörigkeit verankert. Er definiert ein Vergleichsunternehmen folgendermaßen: „A comparable firm is one with cash flows, growth potential, and risk similar to the firm being valued"[160] und führt ergänzend aus "Nowhere in this definition is there a component that relates to the industry or sector to which a firm belongs"[161].

Demnach kann ein Telekommunikationsunternehmen z.B. mit einem Autohersteller verglichen werden, solange sich beide bezüglich ihrer Cashflows, Wachstums- und Risikoprofile ähneln. Eine Fokussierung allein auf die Branchenzugehörigkeit ist nach *Damodaran* oft nicht die Lösung zur Vergleichsgruppenbestimmung, da Unternehmen in der gleichen Branche stark voneinander abweichende Risiko- und Wachstumsprofile haben können.[162]

Ein Vorteil dieses Ansatzes ist darin zu sehen, dass eine Multiplikatorbewertung auch möglich ist, wenn in der Branche des Bewertungsobjektes nur eine sehr geringe Anzahl börsennotierter Unternehmen aktiv ist. Wird beim Kriterium der Vergleichbarkeit primär auf

---

[159] Vgl. zur Höhe des Unternehmenssteuersatzes im internationalen Vergleich *KPMG International* (2006), S. 12 ff.

[160] *Damodaran* (2002), S. 462.

[161] *Damodaran* (2002), S. 462.

[162] Vgl. *Damodaran* (2002), S. 481 f.

die Ähnlichkeit von Cashflows, Wachstum und Risiko, und nicht auf die Branche gesetzt, repräsentieren alle am Aktienmarkt gehandelten Unternehmen theoretische Vergleichsunternehmen. Eine Vergleichsgruppe mit mehr als fünf Unternehmen ist dadurch leichter zu bestimmen.

Unter Verwendung dieses Ansatzes können die beschriebenen Problemfelder der branchenorientierten Vergleichsgruppenbestimmung eingegrenzt werden. Da der gesamte Markt als Grundgesamtheit angesehen werden kann, stellt auch die Bewertung stark diversifizierter Konzerne und deren Branchenidentifizierung kein Problem mehr dar.

Die Tatsache, dass der Werttreiberansatz in der Bewertungspraxis kaum zum tragen kommt ist darin zu sehen, dass eine Bewertung anhand von Vergleichsunternehmen aus der selben Branche wie das Bewertungsobjekt einen besseren, intuitiver zu vermittelnden Argumentationswert besitzt. Unter diesem Gesichtspunkt ist es sicherlich leichter, den Wert der Volkswagen AG über Multiplikatoren von Daimler, BMW, Ford und General Motors zu erklären als auf die Multiplikatoren von z.B. Siemens, Lufthansa, Microsoft und Walmart zurück zu greifen.

In einer Untersuchung kommt *Alford* zu dem Ergebnis, das eine Bewertung mit Vergleichsunternehmen, die anhand eines vergleichbaren Risikos und Gewinnwachstums bestimmt wurden, eine ähnliche Genauigkeit aufweist wie die Bewertung mit einer klassischen Branchenvergleichsgruppe.[163]

Bhojraj/Lee verfolgten in einer Untersuchung einen zu *Alford* komplementärer Ansatz zur Vergleichsgruppenbestimmung. Auf Basis von Profitabilitäts-, Wachstums- und Risikocharakteristika wurden Vergleichsunternehmen identifiziert und deren Bewertungsperformance mit der einer klassischen Branchenvergleichsgruppe verglichen, wobei erstere ein deutlich besseres Ergebnis generierte.[164]

Auch *Herrmann/Richter* bestätigten in einer Untersuchung, dass eine Bewertung mit Vergleichsunternehmen auf Basis von Werttreibern, wie etwa

---

[163] Vgl. *Alford* (1992), S. 106 f.

[164] Vgl. *Bhojraj/Lee* (2002), S. 432 ff.

Gewinnwachstum und ROE, zu besseren Ergebnissen führt als eine Bewertung mit traditionellen Branchenvergleichsunternehmen.[165]

In Kapitel 5 wird anhand einer empirischen Untersuchung die Effizienz beider Ansätze zur Vergleichsgruppenbestimmung bestimmt, um daraus Rückschlüsse auf eine mögliche Überlegenheit einer der beiden Verfahren ziehen zu können.

4.8 Würdigung der Multiplikatormethode

Die bisweilen geäußerte Kritik, Multiplikatorenverfahren würden dem Prinzip der Zukunfts- und Subjektbezogenheit widersprechen, kann nicht ohne weiteres übernommen werden. Durch den Rückgriff auf die Marktkapitalisierung sind bereits zukünftige Erwartungen hinsichtlich der Unternehmensentwicklung im Multiplikator enthalten. Wird ergänzend ein auf Schätzungen beruhender Performance Indikator verwendet, kann die Kritik der fehlenden Zukunftsorientierung nicht gehalten werden.

Wie erörtert können auch subjektive Entscheidungswerte mit Hilfe des Multiplikatoransatzes ermittelt werden, wenn zum Stand alone-Wert des Unternehmens auf Multiplikatorbasis entsprechende, subjektive Synergieeffekte separat bewertet und addiert werden.

Die Aussagekraft einer Multiplikatorbewertung ist des Weiteren von der Effizienz der Kapitalmärkte abhängig, da eine mögliche Ineffizienz der Bewertung der Vergleichsunternehmen direkt auf das Bewertungsobjekt übertragen wird. Der Multiplikatoransatz sollte jedoch hinsichtlich dieser Abhängigkeit nur dann verworfen werden, wenn eine Ineffizienz der zugrundeliegenden Kapitalmärkte eindeutig nachgewiesen werden kann.

Eine fundierte Multiplikatorbewertung ist, entgegen vielfacher Auffassung, mit einem vergleichbaren Arbeitsaufwand und -umfang verbunden wie eine detaillierte DCF-Bewertung. So sind etwa tiefgehende Unternehmens- und Branchenkenntnisse für die Ermittlung der Vergleichsunternehmen nötig.

Die Kritik, dass es in der Praxis unmöglich ist, völlig identische Vergleichsunternehmen zu identifizieren, muss als berechtigt angesehen werden. Jedoch wäre dies auch eine unrealistische Zielsetzung. Eine gewisse

---

[165] Vgl. *Herrmann/Richter* (2003), S. 217 f.

Unsicherheit ist Bestandteil eines jeden Bewertungsergebnisses, und daher sollte der Multiplikatoransatz auf Basis dieses Kritikpunktes nicht verworfen werden.

Mögliche notwendige Bereinigungen der Finanzdaten der Vergleichsunternehmen liegen zwar ausschließlich im Ermessen des Bewertenden, was die Gefahr einer subjektiven Wertbeeinflussung in sich trägt, allerdings besteht dieses Risiko auch bei anderen Bewertungsmethoden. Grundsätzlich sollten daher alle Bereinigungen nachvollziehbar und begründbar sind.

Wenn dies gewährleistet wird, zeichnen sich Multiplikatorbewertungen durch eine transparente und intuitiv leicht verständliche Methodik aus. Der Adressat hat weniger das Gefühl, seine Entscheidungen auf Basis einer Black Box-Bewertung zu treffen, wie es oft bei DCF-Bewertungen der Fall ist.

Multiplikatorverfahren haben somit eine, ihren Funktionen entsprechende, eigenständige Daseinsberechtigung in der Unternehmensbewertung, was sich auch in ihrer internationalen Verbreitung widerspiegelt.

5 Empirische Untersuchung zur Vergleichsgruppenbestimmung

5.1 Gegenstand und Ziele der Untersuchung

Im Rahmen dieser Studie wurde untersucht, nach welchen Kriterien Unternehmen, nach der SPCM, zueinander als „vergleichbar" angesehen werden sollten. Rekapitulierend ist festzuhalten, dass zwischen zwei Ansätzen der Vergleichsgruppenbestimmung abzugrenzen ist.

Zum einen werden Unternehmen als vergleichbar angesehen, wenn diese hinsichtlich ihres Haupttätigkeitsfeldes in dieselbe Branche eingeordnet werden können.

Auf der anderen Seite wird, vornehmlich in der Literatur, der Werttreiberansatz als geeignete Methode zur Identifikation von Vergleichsunternehmen empfohlen. Branchenzugehörigkeit ist bei diesem Ansatz kein Kriterium hinsichtlich der Vergleichbarkeit.

Beide Ansätze wurden in der folgenden Untersuchung gegenüber gestellt. Ziel der Untersuchung war es, eine durch Empirie gestützte Aussage zur Vorteilhaftigkeit einer der beiden Ansätze machen zu können.

Als vorteilhaft soll der Ansatz gelten, bei dessen Verwendung die Schätzgenauigkeit eines Multiplikators maximiert wird.[166] Die Untersuchung stützte sich dabei auf die Schätzgenauigkeit des P/E-Multiplikators, da sowohl Marktkapitalisierung und Performance Indikator als auch die vorab definierten Werttreiber dieses Equity-Value-Multiplikators mit, im Vergleich zu den vorgestellten EV-Multiplikatoren, relativ geringer Unsicherheit erhoben werden konnten.[167]

Zu neutralen Vergleichszwecken wurde, neben den beiden erwähnten Ansätzen, zusätzlich ein dritter Ansatz definiert, welcher alle Unternehmen der Grundgesamtheit als Vergleichsunternehmen ansieht, ungeachtet der Branchenzugehörigkeit und Höhe der Werttreiber.

Parallel wurde untersucht, ob und in wie weit sich die Schätzgenauigkeit des Werttreiber-Ansatzes durch Rückgriff auf zukünftige Schätzungen zur

---

[166] Der Begriff Schätzgenauigkeit wird im Abschnitt 5.2.3 erläutert.

[167] Wie erwähnt, kann im Rahmen von EV-Multiplikatoren die Ermittlung des Marktwertes der Nettofinanzverbindlichkeiten zu Ungenauigkeiten in der Bewertung führen.

Werttreiberhöhe verbessern lässt. Ebenfalls wurde der Frage nachgegangen, welche Methodik der Aggregierung der Vergleichsunternehmen bessere Bewertungsergebnisse erzielt.

5.2 Methodik der Untersuchung

Nachfolgend wird auf die Untersuchungsmethodik eingegangen, wobei für die einzelnen arbeitstechnischen Schritte der Datenanalyse auf den Anhang verwiesen wird.[168]

5.2.1 Datenerhebung

5.2.1.1 Beschreibung der Grundgesamtheit

Zur Durchführung der Analyse wurde auf eine Grundgesamtheit von Unternehmen zurückgegriffen, die alle zum Erhebungszeitpunkt Bestandteil des von Standard & Poor's publizierten US-amerikanischen Aktienindex S&P 500 waren.[169]

Die Gründe für die Wahl dieser Grundgesamtheit sind vielfältig. Zum einen ist hier die allgemein anerkannte, hohe Effizienz des US-amerikanischen Aktienmarkts zu nennen. Alle Unternehmen des S&P 500 verfügten zum Erhebungszeitpunkt über eine Marktkapitalisierung von über einer Milliarde US Dollar sowie einem als liquide anzusehenden Handelsvolumen. Ineffizienzen in der Marktkapitalisierung aufgrund mangelnder Fungibilität bzw. Handelsvolumina konnten somit ausgeschlossen werden.[170]

Ein weiterer Vorteil der gewählten Grundgesamtheit ist darin zu sehen, dass alle Unternehmen der US-amerikanischen Unternehmenssteuer unterliegen. Anpassungen der erhobenen Finanzdaten bezüglich voneinander abweichenden Besteuerungssätzen der Unternehmen waren somit nicht nötig. Ferner kann der Einfluss unterschiedlicher Rechnungslegungsvorschriften als gering betrachtet werden. Alle Unternehmen der Grundgesamtheit unterliegen den entsprechenden US-amerikanischen Bilanzierungsvorschriften, sodass auf Anpassungen der Daten verzichtet werden konnte.

---

[168] Die bei der Untersuchung verwendeten Marktdaten wurden über den Datenbankbetreiber Factset auf elektronischem Wege ermittelt und als verlässlich angesehen.

[169] Die Bestimmung der Grundgesamtheit wurde am 15.11.2007 durchgeführt. Nachfolgende Änderungen der Indexzusammenstellung wurden in der Analyse nicht beachtet.

[170] Von Standard & Poor's wird eine Minimum-Marktkapitalisierung von fünf Milliarden US Dollar sowie ein Free Float von mindestens 50% vorgegeben.

Da es sich bei der Grundgesamtheit ausschließlich um US-amerikanische Unternehmen handelt, konnten Verzerrungen in der Höhe der Multiplikatoren, hervorgerufen durch unterschiedliche Zinsniveaus in den Heimatländern der Unternehmen, als nicht gegeben angesehen werden.

5.2.1.2 Erhobene Finanzdaten der Grundgesamtheit

Die Ermittlung der Schätzgenauigkeit der Ansätze zur Vergleichsgruppenbestimmung wurde anhand der Bewertungsergebnisse des P/E-Multiplikators durchgeführt. Um diesen abbilden zu können, wurden in einem ersten Schritt sowohl die Marktkapitalisierung aller Unternehmen als auch deren Jahresüberschuss des Geschäftsjahres 2006/2007 ermittelt.[171] Die Erhebung dieser Daten wurde am 03. Dezember 2007 durchgeführt. Von der Erhebung einer durchschnittlichen Marktkapitalisierung über einen längeren Zeitraum wurde aufgrund des Umfangs des Datenmaterials Abstand genommen.

Im vorherigen Kapitel wurde die Vorteilhaftigkeit von geschätzten zukünftigen Performance Indikatoren angesprochen. Die in dieser Analyse verwendeten P/E-Multiplikatoren basieren hingegen auf historische Performance Indikatoren, da Analystenschätzungen für zukünftige Jahresüberschüsse nicht erhoben werden konnten.

Zur Durchführung einer werttreiberorientierten Vergleichsgruppensuche wurden die in Kapitel 4.4 hergeleiteten Einflussgrößen auf den P/E-Multiplikator erhoben. Hierbei handelt es sich um die Profitabilität (gemessen am ROE), die Wachstumsrate und das Risiko des Unternehmens.[172]

Zur Bestimmung der Höhe des ROE jedes Unternehmens wurde der Median der ROEs der Geschäftsjahre 2001/2002 bis 2006/2007 bestimmt, um damit die durchschnittliche Profitabilität der vergangenen sechs Geschäftsjahre zu berücksichtigen. Analystenschätzungen zur zukünftigen Profitabilität der Unternehmen waren nicht verfügbar.

Zur Ermittlung der Wachstumsrate g wurden zwei Ansätze verfolgt. Zum einen wurde für jedes Unternehmen die Compounded Annual Growth Rate (CAGR) der Jahresüberschüsse über die vergangenen sechs Geschäftsjahre ermittelt (diese Wachstumsrate soll im Folgenden mit g^H bezeichnet werden).

---

[171] Siehe Anhang zur technischen Abfrage der Finanzdaten.

[172] Vgl. Gleichung (12).

Es wurde damit eine Going Concern-Annahme in dem Maße zugrunde gelegt, dass jedes Unternehmen in Zukunft in der Lage sein wird, in der gleichen Größenordnung zu wachsen wie in der Vergangenheit.

Zum anderen wurde parallel eine alternative Wachstumsrate (im Folgenden mit g^F bezeichnet) bestimmt. Diese spiegelt das von Analysten geschätzte durchschnittliche jährliche Wachstum der Earnings per share (EPS) über die nächsten fünf Geschäftsjahre wider.[173]

Zur Abbildung des Risikos der Unternehmer (welches sich in den Kapitalkosten niederschlägt) wurde das historische Fünfjahresbeta verwendet, berechnet in Abhängigkeit der zeitgleichen S&P 500 Renditen. Alternativ wird in der Literatur die Größe des Unternehmens als Merkmal für dessen Risikocharakteristik genannt.[174] In einer separaten Untersuchung wurde die Korrelation zwischen Fünfjahresbeta und aktueller Marktkapitalisierung der Unternehmen der Grundgesamtheit bestimmt. [175] Mit einem Korrelationskoeffizienten (nach Bravais-Pearson) von ca. -0,11 war ein nur sehr schwacher Zusammenhang zwischen beiden Merkmalen zu erkennen. Es wurde daher von der Marktkapitalisierung als Indikator für Risiko abgesehen.

5.2.1.3 Bereinigungen der Grundgesamtheit

Nach erfolgter Ermittlung der Werttreiber wurde die Grundgesamtheit hinsichtlich der Datenqualität untersucht. Dabei wurden Bereinigungen in den Fällen vorgenommen, in denen entweder die benötigten Daten nicht vollständig zur Verfügung standen, oder dem Going Concern-Prinzip der Untersuchung widersprachen. So wurden alle Unternehmen aus der Grundgesamtheit eliminiert, die eine negative historische CAGR der Jahresüberschüsse oder einen negativen durchschnittlichen ROE aufwiesen. Dies führte zur Ausschließung von 146 Unternehmen aus der Grundgesamtheit.

Als ein weiteres Kriterium für die Eliminierung aus der Untersuchung wurde die Höhe des CAGR limitiert. Alle Unternehmen, deren CAGR mehr als das

---

[173] Bei den Analystenschätzungen handelt es sich um Reuters Consensus Estimates, die den Median verschiedener Analystenschätzungen zum Erhebungszeitpunkt widerspiegeln. Erhoben wurden die Daten am 24.12.2007 über CapitalIQ.

[174] Vgl. *Alford* (1992), S. 96 oder *Damodaran* (2002), S. 465.

[175] Stichtag der Untersuchung: 29.12.2007. Datenerhebung erfolgte über den Informationsdienstleister CapitalIQ. Die der Untersuchung zugrunde liegenden Daten und Ergebnisse sind auf der beiliegenden CD-ROM einzusehen.

zweifache des zeitgleichen S&P 500 CAGR betrugen, wurden ebenfalls aus der Grundgesamtheit entfernt.[176] Diese Ausschließung baut auf der Annahme auf, dass sich diese Unternehmen in keiner als stabil anzusehenden Wachstumsphase befinden, sondern z.B. Restrukturierungsphasen durchlaufen, die in einem überdurchschnittlich hohen Wachstum resultieren. Ein derart hohes Wachstum auch für zukünftige Perioden zu prognostizieren stellt keine realistische Planungsannahme dar. Daher wurden 30 Unternehmen, auf die dieser Fall zutraf, aus der Grundgesamtheit entfernt.

Von den verbliebenen 324 Unternehmen wurden in einem letzten Schritt drei weitere eliminiert, da diese im abgelaufenen Geschäftsjahr einen negativen Jahresüberschuss, und damit einen negativen Multiplikator aufwiesen. Der endgültige Stichprobenumfang betrug somit 321 Unternehmen.[177]

5.2.2 Definition der Vergleichsgruppen

5.2.2.1 Einleitung

Zur Untersuchung, nach welchem Ansatz, branchen- oder werttreiberorientiert, Vergleichsunternehmen am effektivsten zu bestimmen sind, wurden verschiedene Vergleichsgruppen für jedes Unternehmen der Stichprobe ermittelt. Neben der branchenorientierten Vergleichsgruppe wurden werttreiberorientierte sowie eine marktorientierte Vergleichsgruppe ermittelt. Die einzelnen Gruppen werden im Folgenden erläutert.

Entsprechend gängiger Bewertungspraxis und Literaturempfehlung wurde die Mindestgröße jeder Vergleichsgruppe auf fünf Unternehmen festgelegt, wobei das Bewertungsobjekt selbst nicht Teil der Vergleichsgruppe sein durfte. Auf diesem Wege wurde eine Tautologie in der Bewertung vermieden.

Anzumerken ist, dass von den 321 Unternehmen der Stichprobe nur zwei der Branche „Telecommunication Services" zuzuordnen sind. Diese beiden Unternehmen wurden im Rahmen der branchenorientierten Vergleichsgruppensuche aus der Untersuchung entfernt, da keine hinreichend große Vergleichsgruppe ermittelt werden konnte.

---

[176] Die CAGR der Jahresüberschüsse des S&P 500 lag über den Zeitraum der Geschäftsjahre 2001/2002 bis 2006/2007 bei ca. 26,6%. Es wurden entsprechend alle Unternehmen eliminiert, deren respektive CAGR größer als 53,3 % waren.

[177] Die 321 in der Untersuchung berücksichtigten Unternehmen sind dem Anhang 1 zu entnehmen.

5.2.2.2 Branchenorientierte Vergleichsgruppe

Frühere Untersuchungen zum Thema der Vergleichsgruppenbestimmung verwendeten in der Regel die US-amerikanischen SIC-Codes zur Branchenklassifizierung der Unternehmen.[178] In der vorliegenden Analyse wurde von dieser Systematik Abstand genommen. Es wurde hingegen zur Branchenbestimmung auf den von Standard & Poor's und MSCI Barra entwickelten Global Industry Classification Standard (GICS) zurückgegriffen.[179] Die Vorteilhaftigkeit des GICS ist darin zu sehen, dass dieser als weltweiter Standard, ohne spezielle Fokussierung auf die US-Wirtschaft, zur Branchenklassifizierung akzeptiert wird. Da die Untersuchung auf den Unternehmen eines Standard & Poor's Index aufbaut, war es eine logische Konsequenz, auch deren Klassifizierungsmethode für die Branchenzuordnung zu verwenden.

Nach dem GICS werden Unternehmen in zehn Sektoren (die Begriffe Sektor und Branche sind als gleichbedeutend anzusehen) unterteilt.[180]

In Darstellung 1 sind neben den Branchencodes auch die Anzahl der in dieser Branche tätigen Unternehmen der Stichprobe abgebildet.

Darstellung 1.   GICS Branchenklassifizierung

GICS Code	Branche	Anzahl Unternehmen
10	Energy	24
15	Materials	16
20	Industrials	43
25	Consumer Discretionary	59
30	Consumer Staples	33
35	Health Care	34
40	Financials	63
45	Information Technology	29
50	Telecommunications Services	2
55	Utilities	18

---

[178] Vgl. hierzu die Untersuchungen von *Alford* (1992), S. 1 ff.; *Bhojraj/Lee* (2002), S. 1 ff.; *Herrmann/Richter* (2003), S. 1 ff.

[179] Erhoben wurden die Branchenklassifizierung der Unternehmen über das Internetportal von Standard & Poor's am 16.11.2007.
(http://www2.standardandpoors.com/portal/site/sp/en/eu/page.topic/indices_500/2,3,2,2,0,0,0,0,0,0,3,0,0,0,0.html)

[180] Zur Definition der einzelnen Sektoren siehe *Standard & Poor's* (2007) bzw. allgemein zum GICS *Standard & Poors* (2007a).

Ähnlich den US-amerikanischen SIC-Codes gibt es auch im GICS feinere Brachenklassifizierungen, die sich auf Industriegruppen, einzelne Industrien und Sub-Industrien beziehen. In der Untersuchung wurde keine feinere Industriezuordnung angewandt, da dies – mit Blick auf die Größe der Stichprobe – zu unzureichend großen Vergleichsgruppen geführt hätte.

Im Folgenden soll die branchenorientierte Vergleichsgruppe mit **BV** bezeichnet werden und beinhaltet alle Unternehmen, die in derselben Branche wie das Bewertungsobjekt tätig sind.

5.2.2.3 Werttreiberorientierte Vergleichsgruppen

In der Untersuchung wurden zwei werttreiberorientierte Vergleichsgruppen definiert, die bezüglich der verwendeten Wachstumsrate voneinander abzugrenzen sind. Während in der ersten Vergleichsgruppe g^H als relevanter Wachstumswerttreiber verwendet wurde (diese Vergleichsgruppe soll als **WV^H** bezeichnet werden), wurde in der zweiten Gruppe g^F als entsprechender Werttreiber angesetzt (diese Vergleichsgruppe soll mit **WV^F** bezeichnet werden). Durch diese Differenzierung konnte untersucht werden, ob zukunftsgerichtete Werttreiber einen Einfluss auf die Schätzgenauigkeit des Ansatzes haben.

Als Vergleichsunternehmen sollen alle Unternehmen angesehen werden, die hinsichtlich der drei beschriebenen Werttreiber des P/E-Multiplikators Ähnlichkeit zum jeweiligen Bewertungsobjekt aufweisen.

Vor dem Hintergrund der Größe der Stichprobe war es jedoch nicht möglich Vergleichsunternehmen zu identifizieren, deren Werttreiber exakt denen der Bewertungsobjekte entsprachen.

Um dennoch Vergleichsunternehmen bestimmen zu können, wurde ein Abweichungsintervall definiert, in dessen Grenzen Werttreiber als „vergleichbar" definiert wurden. Das Intervall sei beschrieben als $(x +/- \Delta \cdot x)$, wobei x die Höhe des Werttreibers des Bewertungsobjekts und Δ die zulässige Abweichung der Werttreiberhöhe der potenziellen Vergleichsunternehmen in Prozent angibt. Über das Δ kann somit die Güte der Ähnlichkeit in der Werttreiberhöhe zwischen Bewertungsobjekt und

Vergleichsunternehmen gesteuert werden. Das Intervall hat dabei für alle drei Werttreiber immer dieselbe Spannweite.[181]

Bei der Wahl der Höhe des Δ zur Bestimmung der Gruppen $\mathbf{WV^H}$ und $\mathbf{WV^F}$ wurde von *Herrmann/Richter* in ihrer vergleichbaren Studie ein Wert von 30% verwendet.[182] Sie begründen dies damit, dass dadurch eine flexible Selektierung ermöglicht wird, und dass Variationen des Δ zwischen 20% und 40% keinen messbaren Einfluss auf ihr Untersuchungsergebnis hatten.

In der vorliegenden Untersuchung wurden jeweils verschiedene Subgruppen von $\mathbf{WV^H}$ und $\mathbf{WV^F}$ ermittelt. Diese Subgruppen unterscheiden sich anhand der Höhe des angewandten Δ. Im Folgenden werden daher die Gruppen $\mathbf{WV^H}$ und $\mathbf{WV^F}$ um einen Index ergänzt, der die Höhe des verwendeten Δ angibt. So wurde etwa in der Gruppe $\mathbf{WV^H_{30}}$ ein Δ von 30% verwendet.

Insgesamt wurden Subgruppen für Δ-Werte von 20%, 25% und 30% ermittelt. Von der Verwendung von Δ-Werten kleiner als 20% wurde abgesehen, da sich in diesen Szenarien nur unzureichend viele Unternehmen bestimmen ließen, deren Vergleichsgruppe mehr als die geforderten fünf Vergleichsunternehmen enthielt. Während $\mathbf{WV^F_{15}}$ noch 74 Unternehmen beinhaltete, deren Vergleichsgruppen mehr als fünf Unternehmen beinhalteten, waren es bei $\mathbf{WV^H_{15}}$ nur noch 13 Unternehmen, was weniger als fünf Prozent des Stichprobenumfangs ausmachte. Die Aussagekraft und Vergleichbarkeit dieser Szenarien wurde daher als zu gering bzw. nicht gegeben angesehen, weshalb Δ-Werte kleiner als 20% nicht untersucht wurden.[183]

Es kann ferner durch die Verwendung unterschiedlicher Δ-Werte ermittelt werden, ob eine Zunahme des Δ-Wertes mit einer abnehmenden Bewertungsgenauigkeit einhergeht. Dieser Zusammenhang ist deshalb zu erwarten, da durch ein höheres Δ Unternehmen Einzug in die entsprechende Vergleichsgruppe finden, die nach ihrer Werttreiberhöhe weniger identisch mit dem Bewertungsobjekt sind.

---

[181] Zur technischen Umsetzung der Identifizierung der Vergleichsunternehmen siehe Anhang 7 bzw. die Modelle auf beiliegender CD-ROM.

[182] Vgl. *Herrmann/Richter* (2003), S. 208.

[183] In den Modellen auf der beiliegenden CD-ROM können, ergänzend zu den im Rahmen der Untersuchung präsentierten Ergebnissen, weitere Δ-Werte simuliert und ausgewertet werden. Zur Bedienung der Modelle wird auf den Anhang 6 verwiesen.

5.2.2.4 Marktvergleichsgruppe

Die vierte Vergleichsgruppe, die alle Unternehmen der Stichprobe beinhaltet, wurde Zwecks Benchmarking erhoben. An ihr kann die Bewertungsgenauigkeit gemessen werden, wenn bei der Wahl der Vergleichsunternehmen grundsätzlich auf alle am Markt notierten Unternehmen zurückgegriffen wird. Diese Vergleichsgruppe soll im Folgen mit **Markt** bezeichnet werden.

5.2.3 Analyse der Daten

Zunächst wurde für jedes Unternehmen der Stichprobe dessen aktueller P/E-Multiplikator sowie die vier vorab definierten Vergleichsgruppen ermittelt.[184] Insgesamt wurden für jedes Bewertungsobjekt acht Vergleichsgruppen ermittelt:

- o **Markt**
- o **BV**
- o **$WV^H_{20,25,30}$**
- o **$WV^F_{20,25,30}$**

Nach erfolgter Ermittlung der relevanten Vergleichsunternehmen wurden deren P/E-Multiplikatoren zu einem Vergleichsgruppenmultiplikator aggregiert. Entsprechend der Zielsetzung der Untersuchung wurden pro Vergleichsgruppe drei Methoden der Aggregierung verwendet. Neben der Berechnung des Median P/E-Multiplikators wurden Gruppenmultiplikatoren auf Basis des Mittelwertes und des harmonischen Mittels bestimmt.[185]

Mit Hilfe der aggregierten Vergleichsgruppenmultiplikatoren wurde im nächsten Schritt die Schätzgenauigkeit der Ansätze ermittelt. Dazu wurde bei jedem Unternehmen der Stichprobe der Jahresüberschuss des Geschäftsjahres 2006/2007 mit den einzelnen aggregierten Vergleichsgruppenmultiplikatoren multipliziert. Das Ergebnis kann interpretiert werden als der über Multiplikatoren prognostizierte Preis des Eigenkapitals $\hat{P}$.

---

[184] Aktueller P/E-Multiplikator = Marktkapitalisierung des 03.12.2007 geteilt durch den Jahresüberschuss des Geschäftsjahres 2006/2007.

[185] Auf eine Aggregierung durch Regressionsanalyse wurde, auf Basis der in Kapitel 4.5.7 erwähnten Einschränkungen dieser Methode, verzichtet.

Zur Quantifizierung der Schätzgenauigkeit der Ansätze wurde $\hat{P}$ mit der erhobenen Marktkapitalisierung P, die denn am Markt anerkannten Eigenkapitalpreis am Erhebungstag widerspiegelt, verglichen. Hierzu wurde für jedes individuelle Bewertungsobjekt i der Absolut Prediction Error (APE) $|E_i|$ ermittelt:[186]

$$|E_i| = \left| \ln(\hat{P_i}) - \ln(P_i) \right| \qquad (13)$$

Ein niedriges $|E_i|$ deutet somit auf eine hohe Schätzgenauigkeit des jeweiligen Ansatzes hin.

Es wurden entsprechend für jedes Bewertungsobjekt 24 $|E_i|$ ermittelt, die sich wie folgt zusammensetzen:

- o jeweils drei $|E_i|$ für die acht Vergleichsgruppe in Abhängigkeit von der verwendeten Methode der Aggregierung (Mittelwert, harmonisches Mittel und Median)

Nachdem für jedes Unternehmen die $|E_i|$ ermittelt wurde, konnte diese zum Median der Absolut Prediction Errors (MAPE) über alle Unternehmen hinweg verdichtet werden.[187] Durch Vergleich der MAPE der drei Ansätze, und der drei Aggregierungsmethoden, konnten diese daraufhin auf ihre Vorteilhaftigkeit hin untersucht werden.

Als eine zweite Messgröße der Schätzgenauigkeit wurde bei jedem Ansatz der Anteil der bewerteten Unternehmen, deren Absolut Prediction Error geringer als 15% war, erhoben. Je höher dieser Anteil, als desto höher kann die Schätzgenauigkeit des jeweiligen Ansatzes angesehen werden.

5.3 Ergebnisse der Untersuchung

Die Ergebnisse der Untersuchung sind in Darstellung 2 abgebildet.

---

[186] Es wurden logarithmische Absolut Prediction Errors aufgrund ihrer symmetrischen Eigenschaften bei positiven und negativen Abweichungen gewählt.

[187] Angesichts der Heterogenität der Ergebnisse und der darin enthaltenen Ausreißerwerte wurde der Median zur Verdichtung der APE verwendet.

Vergleichsgruppen	Anzahl der bewerteten Unternehmen	Durchschnittliche Größe der Vergleichsgruppe	MAPE				% Unternehmen, bei denen APE < 15%		
			Mittelwert	Har. Mittel	Median	Durchs.	Mittelwert	Har. Mittel	Median
Markt	321	320	31,5%	32,3%	29,6%	31,1%	26,8%	24,6%	29,3%
BV	319	35,4	31,4%	25,4%	24,8%	27,2%	22,9%	31,4%	31,0%
WV^H_{20}	86	8,1	26,1%	26,2%	27,1%	26,5%	24,4%	27,9%	25,6%
WV^H_{25}	158	11,4	34,7%	33,1%	34,1%	34,0%	26,6%	25,3%	27,2%
WV^H_{30}	198	16,1	32,8%	31,6%	33,5%	32,6%	27,3%	27,8%	27,3%
WV^F_{20}	166	12,9	30,7%	30,4%	27,5%	29,5%	30,7%	27,7%	30,1%
WV^F_{25}	223	19,3	26,1%	31,0%	29,2%	28,8%	29,6%	30,0%	35,4%
WV^F_{30}	253	28,1	31,7%	30,3%	30,3%	30,8%	28,1%	28,9%	30,0%

5.4 Interpretation der Ergebnisse

Zunächst sei rekapitulierend kurz auf die einzelnen Ziele der Untersuchung eingegangen.

Primäres Ziel der Untersuchung war es, eine mögliche Vorteilhaftigkeit des werttreiber- oder branchenorientierten Ansatzes zur Bestimmung der Vergleichsunternehmen zu identifizieren. Des Weiteren sollte untersucht werden, ob sich die Effizienz des Werttreiberansatzes durch Verwendung von geschätzten zukünftigen Wachstumsraten (g^F) im Vergleich zu historischen Wachstumsraten (g^H) verbessern lässt. Als dritter Untersuchungsgegenstand sollten Erkenntnisse gewonnen werden, welche Methode der Vergleichsgruppenaggregierung die besten Ergebnisse produziert.

Hinsichtlich der Vorteilhaftigkeit des werttreiber- oder branchenorientierten Ansatzes können aus den Ergebnissen der Untersuchung folgende Schlussfolgerungen festgehalten werden: wird das erste Messkriterium zur Bestimmung der Vorteilhaftigkeit betrachtet, der MAPE, so ist ersichtlich, dass der branchenorientierte Ansatz **BV** mit einem MAPE von 24,8% das, absolut gesehen, beste Ergebnis liefert. Die absolut gesehen besten Ergebnisse des werttreiberorientierten Ansatzes liegen mit Werten von 26,1% (**WV$^H_{20}$** bzw. **WV$^F_{25}$**) nur unwesentlich über denen des Branchenansatzes.

Werden über alle drei (Mittelwert, harmonisches Mittel und Median) MAPE der Gruppen **BV**, **WV$^H_{20}$** und **WV$^F_{25}$** die Mittelwerte gebildet, so zeigt sich, dass die durchschnittliche Schätzgenauigkeit von **BV** mit 27,2% zwischen der der **WV$^H_{20}$** (26,5%) und **WV$^F_{25}$** (28,8%) liegt.[188]

Im Hinblick auf die Ergebnisse des zweiten Messkriteriums zur Vorteilhaftigkeit (Anteil der Unternehmen, bei denen der APE geringer als 15% ist) ist erkennbar, dass der Werttreiberansatz mit 35,4% (**WV$^F_{25}$**) ein vier Prozent besseres Ergebnis aufweist als der Branchenansatz mit 31,4%. Es ist aber bemerkbar, dass alle übrigen Ergebnisse des Werttreiberansatzes schlechter ausfallen als die 31,4% des Branchenansatzes.

Die Untersuchung lieferte somit ein indifferentes Ergebnis bezüglich der ersten Fragestellung. Die ermittelten Werte liegen nicht signifikant weit auseinander, als dass der Rückschluss gezogen werden dürfte, dass einer der

---

[188] Es wurden die Gruppen gewählt mit der besten durchschnittlichen Schätzgenauigkeit.

beiden Ansätze vorteilhafter wäre. In Anbetracht dieser Ergebnisse kann angenommen werden, dass das Vergleichskriterium der Branchenzugehörigkeit ein guter Ersatz für die den P/E-Multiplikator beeinflussenden Fundamentalfaktoren ist.[189]

Ferner kann festgehalten werden, dass sowohl der Branchen- als auch tendenziell der Werttreiberansatz dem Marktansatz überlegen sind.[190]

Die Untersuchung bestätigt, zumindest im ersten Messkriterium, tendenziell die Erwartung, dass eine Vergrößerung des Δ mit einer Verschlechterung der Bewertungsgenauigkeit des Werttreiberansatzes einhergeht. So sind die durchschnittlichen Ergebnisse der WV^H und WV^F-Gruppen mit Δ-Werten von 25% bzw. 30% durchgängig schlechter als die WV^H_{20} und WV^F_{20} Resultate.[191] Wird hingegen das zweite Messkriterium betrachtet so ist auffällig, dass höhere Δ-Werte in der Regel zu besseren Ergebnissen führen. Dieser Effekt könnte zurückgeführt werden auf die, parallel mit dem Δ-Wert, gestiegene Anzahl an bewerteten Unternehmen.

Bezüglich der zweiten Fragestellung der Untersuchung ergibt sich ein deutlicheres Ergebnis. In den Gruppen WV^H und WV^F wurden jeweils 18 Ergebnisse ermittelt. Lediglich vier Mal lieferte dabei WV^H ein besseres Ergebnis als WV^F.[192] Zu beachten ist in diesem Zusammenhang ebenfalls die Anzahl der jeweils bewerteten Unternehmen. Bei jedem der drei Δ-Werte wurde in der Gruppe WV^F deutlich mehr Unternehmen bewertet als in der Gruppe WV^H. Dies kann darauf zurückgeführt werden, dass die Verteilung der g^F-Werte mit einer Varianz von 0,15% wesentlich enger ist, als die der g^H-Werte mit einer Varianz von 1,52%. Die g^F-Werte liegen demnach enger beieinander, sodass mehr Vergleichsunternehmen identifiziert werden können und häufiger die Vergleichsgruppen mehr als fünf Unternehmen beinhalten.

---

[189] Werden die Ergebnisse der Gruppen $WV^H_{25\&30}$ bzw. $WV^F_{25\&30}$ mit denen von **BV** verglichen, kann sogar eine Vorteilhaftigkeit des Branchenansatzes unterstellt werden.

[190] Siehe die durchschnittlichen MAPE von **BV**, WV^H_{20}, $WV^F_{20\&25}$ im Vergleich zur Marktgruppe

[191] Entgegen den Erwartungen weisen die 30% Δ-Werte von WV^H bessere durchschnittliche Ergebnisse im ersten Messkriterium auf als die 25% Δ-Werte.

[192] Beim Kriterium MAPE in den Spalten „Mittelwert", „harmonisches Mittel" und „Median" jeweils bei WV^H_{20} und WV^F_{20} sowie beim zweiten Messkriterium in der Spalte „harmonisches Mittel", wiederum bei WV^H_{20} und WV^F_{20})

Die Ergebnisse der Untersuchung legen damit nahe, dass es vorteilhafter ist, im Rahmen des Werttreiberansatzes die geschätzte zukünftige EPS Wachstumsrate und nicht das fortgeschriebene, historische Wachstum zu verwenden.

In Bezug auf die Fragestellung nach der Vorteilhaftigkeit der verschiedenen Aggregierungsmethoden liefern die Untersuchungsergebnisse ebenfalls kein eindeutiges Resultat. Werden die Ergebnisse der MAPE betrachtet, so ist ersichtlich, dass in den Gruppen **Markt** und **BV** jeweils der Median vorteilhaft ist (29,6% bzw. 24,8%). Bei den Werttreibergruppen hingegen wurden die besten Werte (bis auf eine Ausnahme: bei $\mathbf{WV^F_{20}}$ lieferte der Median das beste Ergebnis mit 27,5%) unter Verwendung des Mittelwertes oder des harmonischen Mittels generiert.

Ein ähnlich indifferentes Bild zeigt sich beim zweiten Messkriterium. Die acht Gruppen wurden einmal durch den Mittelwert (30,7% bei $\mathbf{WV^F_{20}}$), dreimal durch das harmonische Mittel (**BV**, $\mathbf{WV^H_{20\&30}}$) und viermal durch den Median (**Markt**, $\mathbf{WV^H_{25}}$ bzw. $\mathbf{WV^F_{25\&30}}$) am vorteilhaftesten aggregiert.

Auf Basis dieser Ergebnisse kann die von *Adrian*, *Baker/Ruback* und *Liu/Nissim/Thomas* unterstellte Vorteilhaftigkeit des harmonischen Mittels nicht nachgewiesen werden. [193] Die Resultate lassen somit keinen verlässlichen Rückschluss auf die allgemeine Vorteilhaftigkeit einer der drei Aggregierungsmethoden zu.

5.5 Kritische Würdigung der Ergebnisse

Die Ergebnisse der Untersuchung sollten im Hinblick auf das Untersuchungsdesign und die Datenerhebung relativiert werden.

Zum einen ist anzumerken, dass bereits die Grundgesamtheit, im Verhältnis zum Gesamtaktienmarkt der USA, nur eine relativ geringe Anzahl an Unternehmen beinhaltete. Die ursprünglichen 500 Unternehmen des Untersuchungsdesigns wurden im Zuge der Datenbereinigung auf 321 reduziert. Vor dem Hintergrund dieses begrenzten Stichprobenumfangs ließen sich in den Werttreiberansätzen nur vergleichsweise wenig Unternehmen

---

[193] Vgl. *Adrian* (2005), S. 69; *Baker/Ruback* (1999), S. 15 ff.; *Liu/Nissim/Thomas* (2002), S. 156 ff.

identifizieren, deren Vergleichsgruppe mehr als fünf Unternehmen enthielt. Wie aus Darstellung 2 zu entnehmen ist, lag die durchschnittliche Größe der Vergleichsgruppen der Werttreiberansätze zwischen acht und 28 Unternehmen. Die Ergebnisse der Werttreiberansätze liefern vor diesem Hintergrund lediglich eine erste Indikation über die Effizienz dieses Ansatzes, sollten jedoch nicht generalisiert werden.

Zum anderen sollten vier Aspekte im Rahmen der Datenerhebung berücksichtigt werden, die eine Relativierung der Ergebnisse erforderlich machen.

Erstens beeinträchtigte das Stichtagsprinzip bei der Erhebung der Marktkapitalisierung die Ergebnisse. Außerordentliche Schwankungen des Börsenkurses am Erhebungstag wurden dadurch direkt in die Ergebnisfindung übertragen und könnten deren Aussagekraft einschränken.

Die Erhebungsform der Profitabilitätskennzahl ROE stellt eine weitere, mögliche Beeinträchtigung der Ergebnisqualität dar. Es ist hier anzumerken, dass die jährlichen ROEs lediglich die Höhe des Eigenkapitals zu Beginn und am Ende eines jeden Geschäftsjahres berücksichtigten. Unterjährige Schwankungen der Eigenkapitalhöhe wurden somit nicht erfasst, was sich auf die Höhe und Genauigkeit der über fünf Jahre aggregierten Median ROEs auswirkte. Die Höhe der ROEs wirkte sich wiederum auf die Identifizierung von Vergleichsunternehmen in den Werttreiberansätzen aus, was direkt Einfluss auf die Ergebnisse hatte.

Der dritte Aspekt, der eine Relativierung erforderlich macht, betrifft die Tatsache, dass in der Untersuchung keine Kalendarisierung der erhobenen Finanzdaten durchgeführt wurde, was die direkte Vergleichbarkeit der Daten möglicherweise beeinträchtigt.

Zuletzt sei darauf hingewiesen, dass keine Bereinigungen bzw. Anpassungen der Finanzdaten hinsichtlich der jeweiligen, sich voneinander unterscheidenden Kapitalstrukturen der Unternehmen erfolgte.

6 Schlussbetrachtung und Ausblick

Neben der empirischen Effizienz der Methoden zur Vergleichsgruppenbestimmungen wurden die finanzierungs- und investitionstheoretischen Modelle aufgeführt, die sich hinter der anscheinenden Simplizität der Multiplikatorverfahren verbergen. Vor diesem Hintergrund kann dem Multiplikatoransatz eine Daseinsberechtigung jenseits der Test-, Indikations- und Argumentationsfunktion beigemessen werden. Multiplikatorverfahren, wie auch Ertragswert- oder DCF-Verfahren, orientieren sich an den Grundsätzen ordnungsmäßiger Unternehmensbewertung und stehen zu selbigen, entgegen weit verbreiteter Meinung, nicht im direkten Widerspruch. Da Multiplikatorverfahren weder dem Zukunfts- noch dem Subjektivitätsprinzip entgegen stehen, kann ihnen durchaus auch eine Entscheidungsfunktion innerhalb der Unternehmensbewertung zugesprochen werden. Die internationale Verbreitung dieser Ansätze untermauert diese Perspektive.

Wie Ertragswert- oder DCF-Verfahren, unterliegen auch Multiplikatorverfahren in der Praxis unterschiedlichen Anwendungsproblemen. Ein Ansatz zur Lösung des Problems der Vergleichsgruppenbestimmung wurde in dieser Studie aufgezeigt. Weitere angesprochene Problemfelder, wie etwa der Einfluss verschiedener Rechnungslegungsstandards, sollten in Anbetracht der zunehmenden Internationalisierung und Angleichung existierender Rechnungslegungsnormen in ihrer Bedeutung jedoch nicht überschätzt werden. Werden entsprechende, nachvollziehbare Bereinigungen durch den Bewertenden vorgenommen, so können mögliche Einwände Dritter entkräftet, und der fundamentale Charakter einer Multiplikatorbewertung glaubwürdig begründet werden.

Wie dargelegt wurde, sind Ermessungsspielräume wie auch ein gewisser Grad an Unsicherheit ein nicht zu vermeidendes Element einer jeden Unternehmensbewertung, sei es eine DCF- oder Multiplikatorbewertung. Die Verwerfung eines Bewertungsverfahrens aus diesen Gründen würde mit einer der Realität fernen Zielsetzung der Unternehmensbewertung einhergehen.

Es wurde gezeigt, dass sich grundsätzlich zwei Ansätze zur Bestimmung von Vergleichsunternehmen unterscheiden lassen. In der Praxis findet bislang ausschließlich der branchenorientierte Ansatz Berücksichtigung, was im Hinblick auf die dem Multiplikatorverfahren zugesprochene Argumentationsfunktion verständlich erscheint.

Wie die empirischen Ergebnisse dieser Studie belegen, kann dem Branchenansatz jedoch keine signifikante Vorteilhaftigkeit gegenüber dem Werttreiberansatz zugesprochen werden. Beide Ansätze sollten, entsprechend der vorliegenden Ergebnisse, als in ihrer Genauigkeit gleichwertig angesehen werden.

Damit kommt diese Studie zu einem vergleichbaren empirischen Resultat wie die erwähnte Arbeit von *Alford*. Jedoch ist zu beachten, dass *Alford* lediglich die Werttreiber Risiko, gemessen an der Unternehmensgröße, und Gewinnwachstums berücksichtigte, nicht jedoch die Profitabilität.

Die Befunde aus der aufgeführten Studie von *Herrmann/Richter*, die eine Überlegenheit des Werttreiberansatzes unterstellen, konnten hingegen nicht mit den empirischen Ergebnissen dieser Studie bestätigt werden. Dies könnte unter anderem darauf zurückzuführen sein, dass *Hermann/Richter* in ihrer Untersuchung nicht explizit das Risiko als fundamentalen Werttreiber in ihre Studie integrierten.

Ein Vergleich der vorliegenden Ergebnisse mit denen von *Bhojraj/Lee* wäre nicht aussagekräftig, da diese in ihrer erwähnten Untersuchung nicht die Effizienz des Werttreiberansatzes für den P/E-Multiplikator analysierten.

Die internationale Verbreitung des Multiplikatorverfahrens und dessen steigende praktische Bedeutung sollte als Anlass dazu genommen werden, weiterführende Studien zur Effizienz des Verfahrens und zu den Ansätzen der Vergleichsgruppenbestimmung durchzuführen. So könnten zum Beispiel durch eine Vergrößerung des Stichprobenumfangs verlässlichere Aussagen zur Effizienz des Branchen- und Werttreiberansatzes gewonnen werden, da die Simulation kleiner Δ-Werte sowie feinere Branchenklassifizierungen möglich wäre. Sollte eine Überlegenheit des Werttreiberansatzes dadurch nachhaltig belegt werden können, so wären weitere Forschungsgebiete in der Resonanz der Bewertungspraxis auf diesen Ansatz zu sehen.

Anhang

Anhang 1: Umfang der Stichprobe

Unternehmen	GICS	Factset Identifier
3M Co.	20	88579Y10
Abbott Laboratories	35	00282410
Abercrombie & Fitch Co. (Cl A)	25	00289620
Adobe Systems Inc.	45	00724F10
Affiliated Computer Services Inc. (Cl A)	45	00819010
AFLAC Inc.	40	00105510
Air Products & Chemicals Inc.	15	00915810
Alcoa Inc.	15	01381710
Allied Waste Industries Inc.	20	01958930
Allstate Corp.	40	02000210
Altria Group Inc.	30	02209S10
Ambac Financial Group Inc.	40	02313910
Ameren Corp.	55	02360810
American Electric Power Co. Inc.	55	02553710
American Express Co.	40	02581610
American International Group Inc.	40	02687410
AmerisourceBergen Corp.	35	03073E10
Amgen Inc.	35	03116210
Analog Devices Inc.	45	03265410
Anheuser-Busch Cos. Inc.	30	03522910
AON Corp.	40	03738910
Apache Corp.	10	03741110
Apollo Group Inc. (Cl A)	25	03760410
Applied Biosystems Group - Applera Corp.	35	03802010
Applied Materials Inc.	45	03822210
Archer Daniels Midland Co.	30	03948310
Ashland Inc.	15	04420910
Assurant Inc.	40	04621X10
AT&T Inc.	50	00206R10
Autodesk Inc.	45	05276910
AutoNation Inc.	25	05329W10
AutoZone Inc.	25	05333210
Avery Dennison Corp.	20	05361110
Avon Products Inc.	30	05430310
Baker Hughes Inc.	10	05722410
Bank of America Corp.	40	06050510
Bank of New York Mellon Corp.	40	06405810
Barr Pharmaceuticals Inc.	35	06830610
Baxter International Inc.	35	07181310
BB&T Corp.	40	05493710
Bear Stearns Cos.	40	07390210
Becton Dickinson & Co.	35	07588710
Bed Bath & Beyond Inc.	25	07589610
Bemis Co. Inc.	15	08143710
Best Buy Co. Inc.	25	08651610
Biogen Idec Inc.	35	09062X10
BJ Services Co.	10	05548210

Black & Decker Corp.	25	09179710
Boston Properties Inc.	40	10112110
Brown-Forman Corp. B	30	11563720
Brunswick Corp.	25	11704310
Burlington Northern Santa Fe Corp.	20	12189T10
C.H. Robinson Worldwide Inc.	20	12541W20
C.R. Bard Inc.	35	06738310
Campbell Soup Co.	30	13442910
Capital One Financial Corp.	40	14040H10
Carnival Corp.	25	14365830
Caterpillar Inc.	20	14912310
CenturyTel Inc.	50	15670010
Charles Schwab Corp.	40	80851310
Chevron Corp.	10	16676410
CIGNA Corp.	35	12550910
Cincinnati Financial Corp.	40	17206210
Cintas Corp.	20	17290810
Cisco Systems Inc.	45	17275R10
CIT Group Inc.	40	12558110
Citigroup Inc.	40	17296710
Citrix Systems Inc.	45	17737610
Clorox Co.	30	18905410
CME Group Inc. (Cl A)	40	12572Q10
Coach Inc.	25	18975410
Coca-Cola Co.	30	19121610
Colgate-Palmolive Co.	30	19416210
Comerica Inc.	40	20034010
Commerce Bancorp Inc.	40	20051910
Computer Sciences Corp.	45	20536310
Consol Energy Inc.	10	20854P10
Consolidated Edison Inc.	55	20911510
Constellation Brands Inc. (Cl A)	30	21036P10
Convergys Corp.	45	21248510
Cooper Industries Inc.	20	G2418210
Costco Wholesale Corp.	30	22160K10
Countrywide Financial Corp.	40	22237210
Coventry Health Care Inc.	35	22286210
CSX Corp.	20	12640810
CVS Caremark Corp.	30	12665010
Danaher Corp.	20	23585110
Darden Restaurants Inc.	25	23719410
Dean Foods Co.	30	24237010
Deere & Co.	20	24419910
Dell Inc.	45	24702R10
Developers Diversified Realty Corp.	40	25159110
Dillard's Inc. (Cl A)	25	25406710
Dominion Resources Inc. (Virginia)	55	25746U10
Dover Corp.	20	26000310
Dow Jones & Co. Inc.	25	26056110
DTE Energy Co.	55	23333110
Duke Energy Corp.	55	26441C10
E.W. Scripps Co. (Cl A)	25	81105420
Eaton Corp.	20	27805810
Ecolab Inc.	15	27886510

Emerson Electric Co.	20	29101110
ENSCO International Inc.	10	26874Q10
Entergy Corp.	55	29364G10
EOG Resources Inc.	10	26875P10
Equifax Inc.	20	29442910
Estee Lauder Cos. (Cl A)	30	51843910
Exelon Corp.	55	30161N10
Expeditors International of Washington Inc.	20	30213010
Express Scripts Inc.	35	30218210
Exxon Mobil Corp.	10	30231G10
Family Dollar Stores Inc.	25	30700010
Federated Investors Inc.	40	31421110
FedEx Corp.	20	31428X10
Fidelity National Information Services Inc.	45	31620M10
Fifth Third Bancorp	40	31677310
FirstEnergy Corp.	55	33793210
Fiserv Inc.	45	33773810
Fluor Corp.	20	34341210
Forest Laboratories Inc.	35	34583810
Fortune Brands Inc.	25	34963110
FPL Group Inc.	55	30257110
Franklin Resources Inc.	40	35461310
Gannett Co. Inc.	25	36473010
General Dynamics Corp.	20	36955010
General Electric Co.	20	36960410
General Mills Inc.	30	37033410
Genuine Parts Co.	25	37246010
Genworth Financial Inc. (Cl A)	40	37247D10
Goldman Sachs Group Inc.	40	38141G10
Goodrich Corp.	20	38238810
H.J. Heinz Co.	30	42307410
Halliburton Co.	10	40621610
Harley-Davidson Inc.	25	41282210
Harman International Industries Inc.	25	41308610
Harrah's Entertainment Inc.	25	41361910
Hartford Financial Services Group Inc.	40	41651510
Hasbro Inc.	25	41805610
Hershey Co.	30	42786610
Hess Corp.	10	42809H10
Home Depot Inc.	25	43707610
Hudson City Bancorp Inc.	40	44368310
Humana Inc.	35	44485910
Huntington Bancshares Inc.	40	44615010
Illinois Tool Works Inc.	20	45230810
IMS Health Inc.	35	44993410
Ingersoll-Rand Co. Ltd.	20	G4776G10
Integrys Energy Group Inc.	55	45822P10
Intel Corp.	45	45814010
International Business Machines Corp.	45	45920010
International Flavors & Fragrances Inc.	15	45950610
International Game Technology	25	45990210
Intuit Inc.	45	46120210
ITT Corp.	20	45091110
J.C. Penney Co. Inc.	25	70816010

Jabil Circuit Inc.	45	46631310
Jacobs Engineering Group Inc.	20	46981410
Johnson & Johnson	35	47816010
Johnson Controls Inc.	25	47836610
JPMorgan Chase & Co.	40	46625H10
KB Home	25	48666K10
Kellogg Co.	30	48783610
KeyCorp	40	49326710
Kimco Realty Corp.	40	49446R10
King Pharmaceuticals Inc.	35	49558210
KLA-Tencor Corp.	45	48248010
Kohl's Corp.	25	50025510
Kraft Foods Inc.	30	50075N10
Kroger Co.	30	50104410
L-3 Communications Holdings Inc.	20	50242410
Laboratory Corp. of America Holdings	35	50540R40
Legg Mason Inc.	40	52490110
Leggett & Platt Inc.	25	52466010
Lehman Brothers Holdings Inc.	40	52490810
Lennar Corp. (Cl A)	25	52605710
Leucadia National Corp.	40	52728810
Lexmark International Inc.	45	52977110
Limited Brands Inc.	25	53271610
Lincoln National Corp.	40	53418710
Linear Technology Corp.	45	53567810
Liz Claiborne Inc.	25	53932010
Lowe's Cos.	25	54866110
M&T Bank Corp.	40	55261F10
Macy's Inc.	25	55616P10
Marathon Oil Corp.	10	56584910
Marriott International Inc.	25	57190320
Marshall & Ilsley Corp.	40	57183710
Masco Corp.	20	57459910
Mattel Inc.	25	57708110
MBIA Inc.	40	55262C10
McCormick & Co. Inc.	30	57978020
McDonald's Corp.	25	58013510
McGraw-Hill Cos.	25	58064510
McKesson Corp.	35	58155Q10
MeadWestvaco Corp.	15	58333410
Medco Health Solutions Inc.	35	58405U10
Medtronic Inc.	35	58505510
Meredith Corp.	25	58943310
Microchip Technology Inc.	45	59501710
Microsoft Corp.	45	59491810
Millipore Corp.	35	60107310
Molex Inc.	45	60855410
Molson Coors Brewing Co. (Cl B)	30	60871R20
Monsanto Co.	15	61166W10
Monster Worldwide Inc.	20	61174210
Moody's Corp.	40	61536910
Morgan Stanley	40	61744644
Murphy Oil Corp.	10	62671710
Nabors Industries Ltd.	10	G6359F10

National City Corp.	40	63540510
National Oilwell Varco Inc.	10	63707110
Newell Rubbermaid Inc.	25	65122910
Nicor Inc.	55	65408610
Nike Inc. (Cl B)	25	65410610
NiSource Inc.	55	65473P10
Noble Corp.	10	G6542210
Noble Energy Inc.	10	65504410
Nordstrom Inc.	25	65566410
Norfolk Southern Corp.	20	65584410
Northern Trust Corp.	40	66585910
Northrop Grumman Corp.	20	66680710
Novellus Systems Inc.	45	67000810
NVIDIA Corp.	45	67066G10
Occidental Petroleum Corp.	10	67459910
Office Depot Inc.	25	67622010
Omnicom Group Inc.	25	68191910
Oracle Corp.	45	68389X10
Pactiv Corp.	15	69525710
Parker Hannifin Corp.	20	70109410
Patterson Cos. Inc.	35	70339510
Paychex Inc.	45	70432610
Pepco Holdings Inc.	55	71329110
Pepsi Bottling Group Inc.	30	71340910
PepsiCo Inc.	30	71344810
PerkinElmer Inc.	35	71404610
Pfizer Inc.	35	71708110
Pitney Bowes Inc.	20	72447910
PNC Financial Services Group Inc.	40	69347510
Polo Ralph Lauren Corp.	25	73157210
PPG Industries Inc.	15	69350610
PPL Corp.	55	69351T10
Praxair Inc.	15	74005P10
Precision Castparts Corp.	20	74018910
Principal Financial Group Inc.	40	74251V10
Procter & Gamble Co.	30	74271810
Progressive Corp.	40	74331510
ProLogis	40	74341010
Pulte Homes Inc.	25	74586710
QLogic Corp.	45	74727710
QUALCOMM Inc.	45	74752510
Quest Diagnostics Inc.	35	74834L10
Questar Corp.	55	74835610
Regions Financial Corp. (New)	40	7591EP10
Reynolds American Inc.	30	76171310
Robert Half International Inc.	20	77032310
Rockwell Automation Inc.	20	77390310
Rockwell Collins Corp.	20	77434110
Rowan Cos. Inc.	10	77938210
Schlumberger Ltd.	10	80685710
Sealed Air Corp.	15	81211K10
Sempra Energy	55	81685110
Sherwin-Williams Co.	25	82434810
Sigma-Aldrich Corp.	15	82655210

Simon Property Group Inc.	40	82880610
SLM Corp.	40	78442P10
Smith International Inc.	10	83211010
Snap-On Inc.	25	83303410
Southern Co.	55	84258710
Sovereign Bancorp Inc.	40	84590510
St. Jude Medical Inc.	35	79084910
Stanley Works	25	85461610
Staples Inc.	25	85503010
Starbucks Corp.	25	85524410
Starwood Hotels & Resorts Worldwide Inc.	25	85590A40
State Street Corp.	40	85747710
Stryker Corp.	35	86366710
Sunoco Inc.	10	86764P10
SunTrust Banks Inc.	40	86791410
SUPERVALU Inc.	30	86853610
Synovus Financial Corp.	40	87161C10
Sysco Corp.	30	87182910
T. Rowe Price Group Inc.	40	74144T10
Target Corp.	25	87612E10
Tektronix	45	87913110
Temple-Inland Inc.	15	87986810
Textron Inc.	20	88320310
Thermo Fisher Scientific Inc.	35	88355610
Tiffany & Co.	25	88654710
TJX Cos.	25	87254010
Torchmark Corp.	40	89102710
Trane Inc.	20	02971210
Transocean Inc.	10	G9007810
Tribune Co.	25	89604710
U.S. Bancorp	40	90297330
Union Pacific Corp.	20	90781810
United Parcel Service Inc. (Cl B)	20	91131210
United Technologies Corp.	20	91301710
UnitedHealth Group Inc.	35	91324P10
UST Inc.	30	90291110
Varian Medical Systems Inc.	35	92220P10
VF Corp.	25	91820410
Vornado Realty Trust	40	92904210
Vulcan Materials Co.	15	92916010
W.W. Grainger Inc.	20	38480210
Wachovia Corp.	40	92990310
Walgreen Co.	30	93142210
Wal-Mart Stores Inc.	30	93114210
Walt Disney Co.	25	25468710
Washington Mutual Inc.	40	93932210
Waste Management Inc.	20	94106L10
Waters Corp.	35	94184810
Weatherford International Ltd.	10	G9508910
Wells Fargo & Co.	40	94974610
Weyerhaeuser Co.	15	96216610
Whole Foods Market Inc.	30	96683710
WM. Wrigley Jr. Co.	30	98252610
Wyeth	35	98302410

XTO Energy Inc.	10	98385X10
Yum! Brands Inc.	25	98849810
Zimmer Holdings Inc.	35	98956P10
Zions Bancorp	40	98970110

Anhang 2: Technische Abfrage der Marktkapitalisierung

Zur Ermittlung der Marktkapitalisierung der Unternehmen wurden in MS Excel die jeweiligen Factset-Identifier in eine Spalte kopiert. In einer benachbarten Spalte wurde mit Hilfe der Abfrageformel

=FDS(B4;"RG_MKT_VALUE(now)")

die aktuelle Marktkapitalisierung am Erhebungstag ermittelt, wobei der Zellbezug (in diesem Beispiel B4) auf die Zelle des Identifiers verweist.

Die Marktkapitalisierung ist nach der Formel definiert als Preis einer Aktie in Lokalwährung multipliziert mit der Gesamtanzahl ausstehender Aktien aus der aktuellen Bilanz. Das Ergebnis wird in Millionen US Dollar angegeben.

Anhang 3: Technische Abfrage des Jahresüberschusses

Um den Jahresüberschuss zu ermitteln, wurde die Formel

=FDS($B4;"RGA_NET_INC(0,,,,,,,,NOAUDIT)")

verwendet, wobei der Zellbezug auf den jeweiligen Identifier verweist. Die „0" innerhalb der Klammer repräsentiert das Geschäftsjahr 2006/07. Entsprechend können mit der Formel durch Variation der „0" auch die Jahresüberschüsse vorheriger Geschäftsjahre ermittelt werden. Dazu wird die „0" z.B. durch „-1Y" ersetzt. Als Ergebnis wird der Jahresüberschuss des Geschäftsjahres 2005/06 ermittelt. Im Rahmen der Untersuchung wurden die Jahresüberschüsse von „0" bis „-5Y" erhoben.

Der Jahresüberschuss ist nach der Formel definiert als Jahresüberschuss vor Sonderposten wie z.B. Einflüsse durch Änderung der Rechnungslegung oder einzustellende Geschäftsaktivitäten. Das Ergebnis wird in Millionen US Dollar angegeben.

Anhang 4: Technische Abfrage des ROE

Zur Ermittlung des ROE eines Geschäftsjahres wurde das durchschnittliche Eigenkapital des Jahres mit der Formel

=FDS($B4;"RGA_SHLDRS_EQ_AVG(0)")

ermittelt. Der Zellbezug verweist auf die Zelle des Identifiers. Die „0" in der Klammer bezeichnet wiederum das Geschäftsjahr 2006/07 und kann, entsprechend der Formel zur Ermittlung des Jahresüberschusses, variiert werden um vergangene Geschäftsjahre zu berücksichtigen.

Nach der Formel wird das durchschnittliches Eigenkapital wie folgt berechnet: Eigenkapital zu Beginn eines Geschäftsjahres plus Eigenkapital am Ende des Geschäftsjahres dividiert durch zwei.

Um den ROE eines Geschäftsjahres zu bestimmen, wurde in einem weiteren Schritt der Jahresüberschuss des Geschäftsjahres durch das periodengleiche durchschnittliche Eigenkapital dividiert.

Anhang 5: Allgemeiner Aufbau der Excel-Modelle

Aufbau der Modelle **Markt**, **WV^H** und **WV^F**:

Alle benötigten Finanzinformationen der Unternehmen wurden in ein Auswertungsarbeitsblatt mit der Bezeichnung „MASTER" kopiert. Zur Identifizierung wurden die Unternehmen der Stichprobe alphabetisch sortiert und von 1 bis 324 (die drei Unternehmen mit negativen Multiplikatoren wurden im Nachhinein eliminiert) durchnummeriert. Nun wurde für jedes Unternehmen ein separates Arbeitsblatt eingefügt und nach der Nummer des Unternehmens benannt. Der gesamte Datensatz aus dem MASTER-Arbeitsblatt wurde daraufhin in alle 324 Unternehmensarbeitsblätter kopiert. In den Arbeitsblättern der Unternehmen wurden dann die jeweiligen Vergleichsunternehmen ermittelt und deren P/E-Multiplikatoren über den Median, Mittelwert und das harmonischen Mittel aggregiert. Parallel wurde die Anzahl der Vergleichsunternehmen erfasst.

Das Modell BV resultiert in seinem Aufbau aus einer Aggregierung des Marktmodells und der separaten Sektorenmodelle, welche der beiliegenden CD-ROM zu entnehmen sind.

Anhang 6: Bedienung der Excel-Modelle

Die Excel-Modelle zur Ermittlung der Vergleichsgruppen **BV** (Auswertung_BV) und **Markt** (Auswertung_Markt) sind statische Modelle, an denen keine Veränderungen oder Simulationen möglich sind.

Die Modelle zur Ermittlung der Vergleichsgruppen WV^F (Auswertung_WVF) und WV^H (Auswertung_WVH) beinhalten Macros, über die der Benutzer verschiedene Szenarien hinsichtlich der Höhe des Δ simulieren kann. Zur Simulation wurden jeweils drei Schaltflächen in die Modelle integriert (Zellbereich BD334:BD350).

Zur Simulation muss zunächst die Höhe des Δ über die Schaltfläche „Zur Intervalleingabe bitte hier klicken" bestimmt werden. Das Δ ist dabei in Prozent einzugeben (z.B. 20, 25, 30; nicht in der Form 0,2 etc.). Nach der Eingabe kann durch Anklicken der entsprechenden Schaltflächen der erste und zweite Schritt der Simulation durchgeführt werden.

Die relevanten Ergebnisse werden oberhalb der Schaltflächen dargestellt.

Anhang 7: Technische Ermittlung der Vergleichsunternehmen

Auf die Ermittlung der Vergleichsunternehmen für die Gruppen **BV** bzw. **Markt** soll hier nicht im Detail eingegangen werden, da dies über eine einfach Filterfunktion in Excel zu bewerkstelligen ist.

Zur Ermittlung der wertorientierten Vergleichsunternehmen wurde folgendes Visual Basic Macro programmiert:

```
Sub vergleichsformelkopieren()
Dim i As Integer
Worksheets("1").Activate
For i = 1 To 324
Sheets(i + 1).Activate
Cells(i + 3, "AT").Select
ActiveCell.FormulaR1C1 = _
    "=IF(AND(RC[-8]>=(R4C40*(1-MASTER!R1C2)),RC[-
8]<=(R4C40*(1+MASTER!R1C2)),RC[-10]>=(R4C38*(1-
MASTER!R1C4)),RC[-10]<=(R4C38*(1+MASTER!R1C4)),RC[-
37]>=(R4C11*(1-MASTER!R1C7)),RC[-
37]<=(R4C11*(1+MASTER!R1C7))),1,0)"
```

```
Next i
End Sub
```

Dieses Macro kopiert die zur Bestimmung der Vergleichsunternehmen nötige Formel in alle 324 Unternehmensarbeitsblätter. Der Zellbezug (1-MASTER!R1C2) und dessen Variationen verweist auf das Δ, welches im MASTER-Arbeitsblatt hinterlegt ist. Die Formel beinhalten sechs Prüfkriterien. Mit ihnen wird überprüft, ob Wachstumsrate, ROE und Beta eines Unternehmens innerhalb des Vergleichbarkeitsintervalls des Bewertungsobjektes liegen. Wenn alle sechs Kriterien erfüllt sind, ist das Unternehmen „vergleichbar". Dies wird mit einer „1" in der Formelzelle symbolisiert. Ist dies der Fall, wird in eine benachbarte Zelle (Spalte „AV") dessen P/E-Multiplikator kopiert. Die einzelnen Multiplikatoren können dann aggregiert werden.

Anzumerken ist, dass die vom Macro kopierte Formel auf jedem der 324 Unternehmensarbeitsblätter noch manuell, hinsichtlich der Zellbezüge, angepasst und auf den gesamten Datensatz kopiert werden muss.

Anhang 8: Eliminierung von Tautologien

Um zu vermeiden, dass ein Bewertungsobjekt zu seiner eigenen Vergleichsgruppe zählt (dies würde zu einer Tautologie der Bewertung führen), wurde folgendes Macro geschrieben:

```
Sub Tautologieloeschen()
Dim i As Integer
Sheets("MASTER").Activate
For i = 1 To 324
Sheets(i + 1).Select
Cells(i + 3, "AV").Select
ActiveCell.Value = ""
Next i
End Sub
```

In die Spalte „AV" wird der Multiplikator eines Unternehmens kopiert, wenn dieses, durch das Macro „vergleichsformelkopieren" als vergleichbar identifiziert wurde. Das Macro sorgt dafür, dass in der Zelle (i + 3, "AV") – diese Zelle ist auf jedem Unternehmensarbeitsblatt immer in der Zeile des jeweiligen Bewertungsobjektes und würde dessen P/E-Multiplikator enthalten – kein Wert steht. Dadurch wird eine Tautologie vermieden.

Anhang 9: Ermittlung der Absolut Prediction Errors

Die Auswertung der Schätzgenauigkeit anhand der Absolut Prediction Errors findet auf dem MASTER-Arbeitsblatt statt. Dazu wurden über das Macro „medianmeanharmeankopieren" die zuvor aggregierten Vergleichsgruppen-multiplikatoren der einzelnen Unternehmen aus deren Arbeitsblatt in das MASTER-Arbeitsblatt kopiert.

```
Sub medianmeanharmeankopieren()
Dim i As Integer
Sheets("MASTER").Activate
For i = 1 To 324
Cells(i + 3, "AX").Select
ActiveCell.Value = Sheets(i + 1).Range("AV332")
Cells(i + 3, "AZ").Select
ActiveCell.Value = Sheets(i + 1).Range("AV330")
Cells(i + 3, "BB").Select
ActiveCell.Value = Sheets(i + 1).Range("AV331")
Next i
End Sub
```

Die Zellbezüge „AV332", „AV330" und „AV331" verweisen dabei auf die Zellen der Unternehmensarbeitsblätter, in denen die aggregierten Multiplikatoren stehen.

Auch die Anzahl der Vergleichsunternehmen für jedes Bewertungsobjekt wurde durch das Macro „noofpeers" in das MASTER-Arbeitsblatt kopiert.

```
Sub noofpeers()
Dim i As Integer
Sheets("MASTER").Activate
For i = 1 To 324
```

```
Cells(i + 3, "AR").Select
ActiveCell.Value = Sheets(i + 1).Range("AT328")
Next i
End Sub
```

In der Zelle „AT328" ist auf den Unternehmensarbeitsblättern die Anzahl der Vergleichsunternehmen zu finden.

Nach erfolgreichem Kopieren der aggregierten Multiplikatoren und der Anzahl der Vergleichsunternehmen in das MASTER-Arbeitsblatt konnten die Absolut Prediction Errors ermittelt und analysiert werden.

Literaturverzeichnis

Adrian, Felix Kurt (2005): Kurs/Gewinn-Verhältnis, in: Krolle, Sigrid; Schmitt, Günter; Schwetzler, Bernhard (Hrsg.): Multiplikatorverfahren in der Unternehmensbewertung, Stuttgart, Schäffer-Poeschel.

Adrian, Felix Kurt (2005a): Price/Earnings-to-Growth-Ratio, in: Krolle, Sigrid; Schmitt, Günter; Schwetzler, Bernhard (Hrsg.): Multiplikatorverfahren in der Unternehmensbewertung, Stuttgart, Schäffer-Poeschel.

Alford, Andrew W. (1992): The Effect of the Set of Comparable Firms on the Accuracy of the Price-Earnings Valuation Method, in: Journal of Accounting Research, Vol. 30, No. 1, S. 94 – 108.

Baetge, Jörg; Niemeyer, Kai; Kümmel, Jens (2005): Bewertungsverfahren Teil B: Darstellung der Discounted-Cashflow-Verfahren (DCF-Verfahren) mit Beispielen, in: Peemöller, Volker H. (Hrsg.): Praxishandbuch der Unternehmensbewertung, 3. Aufl., Herne/Berlin, Verlag Neue Wirtschafts-Briefe, S. 265 – 362.

Baker, Malcolm; Ruback, Richard S. (1999): Estimating Industry Multiples, Working Paper, Harvard School of Business, http://www.people.hbs.edu/mbaker/cv/papers/EstimatingIndustry.pdf, 20.10.2007.

Ballwieser, Wolfgang (2005): Bewertungsverfahren Teil C: Verbindung von Ertragswert- und Discounted-Cashflow-Verfahren, in: Peemöller, Volker H. (Hrsg.): Praxishandbuch der Unternehmensbewertung, 3. Aufl., Herne/Berlin, Verlag Neue Wirtschafts-Briefe, S. 363 – 375.

Bausch, Andreas (2000): Die Multiplikatormethode, in: Finanz Betrieb, Band 7 – 8, S. 448 – 459.

Beckmann, Christoph; Meister, Jan M.; Meitner, Matthias (2003): Das Multiplikatorverfahren in der kapitalmarktorientierten Unternehmensbewertungspraxis, in: Finanz Betrieb, Band 2, S. 103 – 105.

Bhojraj, Sanjeev; Lee, Charles M. (2002): Who Is My Peer? A Valuation-Based Approach to the Selection of Comparable Firms, in: Journal of Accounting Research, Vol. 40, No. 2, S. 407 – 439.

Born, Karl (1995): Unternehmensanalyse und Unternehmensbewertung, Stuttgart, Schäffer-Poeschel.

Coenenberg, Adolf G.; Schultze, Wolfgang (2002): Das Multiplikator-Verfahren in der Unternehmensbewertung: Konzeption und Kritik, in: Finanz Betrieb, Band 12, S. 697 – 703.

Coenenberg, Adolf G.; Schultze, Wolfgang (2002): Unternehmensbewertung: Konzeptionen und Perspektiven, in: DBW, 62. Jg., S. 597 – 621.

Damodaran, Aswath (2002): Investment valuation, 2nd Ed., New York, Wiley.

Drukarczyk, Jochen (2003): Unternehmensbewertung, 4. Aufl., München, Vahlen.

Ernst, Dietmar; Schneider, Sonja; Thieien, Bjoern (2006): Unternehmensbewertungen erstellen und verstehen, 2. Aufl., München, Vahlen.

Esty, Benjamin C. (2000): What Determines Comparability When Valuing Firms with Multiples, in: Journal of Financial Education, Fall 2000, S. 24 – 33.

Gordon, Myron J,; Shapiro, Eli (1956): Capital Equipment Analysis: The Required Rate of Profit, in: Management Science, Vol. 3, No. 1, S. 102 – 110.

Gordon, Myron J. (1962): The Investment, Financing, and Valuation of the Corporation, Homeward, Irwin.

Herrmann, Volker; Richter, Frank (2003): Pricing With Performance-Controlled Multiples, in: Schmalenbach Business Review, Vol. 55, July 2003, S. 194 – 219.

Institut der Wirtschaftsprüfer (IDW S1): IDW Standard: Grundsätze zur Durchführung von Unternehmensbewertungen (IDW S1), in: WPg, 53. Jg. (2000), S. 1 – 43.

IRS Revenue Ruling 59-60, 1959-1 CB 237 – IRC Sec. 2031, http://quistvaluation.com/PDF/ruling59_60.pdf, 28.10.2007.

KPMG International (2006): KPMG's Corporate Tax Rate Survey, http://www.bpb.de/files/H7INZU.pdf, 23.12.2007.

Krolle, Sigrid (2005): Enterprise-Value/EBIT(DA)-Verhältnis, in: Krolle, Sigrid; Schmitt, Günter; Schwetzler, Bernhard (Hrsg.): Multiplikatorverfahren in der Unternehmensbewertung, Stuttgart, Schäffer-Poeschel.

Kuhlmann, Hans-Peter (2005): Enterprise-Value/Capital-Employed-Verhältnis, in: Krolle, Sigrid; Schmitt, Günter; Schwetzler, Bernhard (Hrsg.): Multiplikatorverfahren in der Unternehmensbewertung, Stuttgart, Schäffer-Poeschel.

Kuhlmann, Hans-Peter (2005a): Kurs/Buchwert-Verhältnis, in: Krolle, Sigrid; Schmitt, Günter; Schwetzler, Bernhard (Hrsg.): Multiplikatorverfahren in der Unternehmensbewertung, Stuttgart, Schäffer-Poeschel.

Lie, Erik; Lie, Heidi J. (2002): Multiples Used to Estimate Corporate Value, in: Financial Analyst Journal, March-April, S. 44 – 54.

Lintner, John (1965): The Valuation of Risk Asset and the Selection of Risky Investments in Stock Portfolios and Capital Budgets, in: The Review of Economics and Statistics, 47. Jg., S. 13 – 37.

Liu, Jing; Nissim, Doron; Thomas, Jacob (2002): Equity Valuation Using Multiples, in: Journal of Accounting Research, Vol. 40, No. 1, S. 135 – 172.

Liu, Jing; Nissim, Doron; Thomas, Jacob (2007): Is Cash Flow King in Valuation?, in: Financial Analyst Journal, Vol. 63, No. 2, S. 1 – 13.

Löhnert, Peter G.; Böckmann, Ulrich J. (2005): Bewertungsverfahren Teil E: Multiplikatorverfahren in der Unternehmensbewertung, in: Peemöller,

Volker H. (Hrsg.): Praxishandbuch der Unternehmensbewertung, 3. Aufl., Herne/Berlin, Verlag Neue Wirtschafts-Briefe, S. 402 - 428.

Mandl, Gerwald; Rabel, Klaus (2005): Grundlagen der Unternehmensbewertung Teil D: Methoden der Unternehmensbewertung (Überblick), in: Peemöller, Volker H. (Hrsg.): Praxishandbuch der Unternehmensbewertung, 3. Aufl., Herne/Berlin, Verlag Neue Wirtschafts-Briefe, S. 47 - 88.

Matschke, Jürgen (1979): Funktionale Unternehmensbewertung Bd. II: Der Arbitriumwert der Unternehmung, Wiesbaden, Gabler.

Matschke, Manfred Jürgen; Brösel, Gerrit (2005): Unternehmensbewertung, Wiesbaden, Gabler.

Modigliani, Franco; Miller, Merton H. (1958): The Cost of Capital, Corporation Finance and the Theory of Investment, in: The American Economic Review, 48. Jg., S. 261 – 297.

Modigliani, Franco; Miller, Merton H. (1963): Corporate Income Taxes and the Cost of Capital: A Correction, in: The American Economic Review, 53. Jg., S. 433 – 443.

Mossin, Jan (1966): Equilibrium in a Capital Asset Market, in: Econometria, 34. Jg., S. 768 – 783

Moxter, Adolf (1983): Grundsätze ordnungsmäßiger Unternehmensbewertung, 2. Aufl., Wiesbaden, Gabler.

Nowak, Karsten (2000): Marktorientierte Unternehmensbewertung, Diss. Wiesbaden.

Peemöller, Volker H. (2005): Grundlagen der Unternehmensbewertung Teil A: Wert und Werttheorie, in: Peemöller, Volker H. (Hrsg.): Praxishandbuch der Unternehmensbewertung, 3. Aufl., Herne/Berlin, Verlag Neue Wirtschafts-Briefe, S. 1 – 14.

Peemöller, Volker H. (2005a): Grundlagen der Unternehmensbewertung Teil B: Anlässe der Unternehmensbewertung, in: Peemöller, Volker H. (Hrsg.): Praxishandbuch der Unternehmensbewertung, 3. Aufl., Herne/Berlin, Verlag Neue Wirtschafts-Briefe, S. 15 – 26.

Peemöller, Volker H. (2005b): Grundlagen der Unternehmensbewertung Teil C: Grundsätze ordnungsmäßiger Unternehmensbewertung, in: Peemöller, Volker H. (Hrsg.): Praxishandbuch der Unternehmensbewertung, 3. Aufl., Herne/Berlin, Verlag Neue Wirtschafts-Briefe, S. 27 - 46.

Peemöller, Volker H.; Meister, Jan M.; Beckmann, Christoph (2002): Der Multiplikatoransatz als eigenständiges Verfahren in der Unternehmensbewertung, in: Finanz Betrieb, Band 4, S. 197 – 209.

Peemöller, Volker H; Kunowski, Stefan (2005): Bewertungsverfahren Teil A: Ertragswertverfahren nach IDW, in: Peemöller, Volker H. (Hrsg.): Praxishandbuch der Unternehmensbewertung, 3. Aufl., Herne/Berlin, Verlag Neue Wirtschafts-Briefe, S. 201 – 263.

Richter, Frank (2005): Using Value Drivers to Identify Peer Group Multiples, http://www.mathematik.uni-ulm.de/strategie/Forschung/Paper_Multiples.pdf, 17.10.2007.

Schreiner, Andreas; Spremann, Klaus (2007): Multiples and Their Valuation Accuracy in European Equity Markets, http://ssrn.com/abstract=957352, 19.10.2007.

Schwetzler, Bernhard (2003): Probleme der Multiple-Bewertung, in: Finanz Betrieb, Band 2, S. 79 – 90.

Schwetzler, Bernhard; Warfsmann, Jürgen (2005): Enterprise-Value/Umsatz-Multiplikator und Non-Financial Multiples, in: Krolle, Sigrid; Schmitt, Günter; Schwetzler, Bernhard (Hrsg.): Multiplikatorverfahren in der Unternehmensbewertung, Stuttgart, Schäffer-Poeschel.

Seppelfricke, Peter (2005): Handbuch Aktien- und Unternehmensbewertung: Bewertungsverfahren, Unternehmensanalyse, Erfolgsprognose, 2. Aufl., Stuttgart, Schäffer-Poeschel.

Sharpe, William F. (1964): Capital Asset Prices. A Theory of Market Equilibrium under Conditions of Risk, in: Journal of Finance, 19. Jg., S. 425 – 442.

Sieben, Günter; Maltry, Helmut (2005): Bewertungsverfahren Teil D: Der Substanzwert der Unternehmung, in: Peemöller, Volker H. (Hrsg.): Praxishandbuch der Unternehmensbewertung, 3. Aufl., Herne/Berlin, Verlag Neue Wirtschafts-Briefe, S. 377 - 402.

Spremann, Klaus (2004): Valuation – Grundlagen moderner Unternehmensbewertung, München, Oldenbourg.

Standard & Poor's (2007): Global Industry Classification Standard, http://www2.standardandpoors.com/spf/pdf/index/GICSSectorDescriptions_April2005.pdf, 03.12.2007.

Standard & Poor's (2007a): Understanding Sectors, http://www2.standardandpoors.com/spf/pdf/index/factsheet_gics.pdf, 03.12.2007

Wagner, Thomas (2005): Konzeption der Multiplikatorverfahren, in: Krolle, Sigrid; Schmitt, Günter; Schwetzler, Bernhard (Hrsg.): Multiplikatorverfahren in der Unternehmensbewertung, Stuttgart, Schäffer-Poeschel.

Quellenverzeichnis

Aktiengesetz (AktG) vom 6. September 1965 (BGBl. I S. 1089), zuletzt geändert durch Artikel 11 des Gesetzes vom 16. Juli 2007 (BGBl. I S. 1330).

Umwandlungsgesetz (UmwG) vom 28. Oktober 1994 (BGBl. I S. 3210, (1995, 428)), zuletzt geändert durch Artikel 1 des Gesetzes vom 19. April 2007 (BGBl. I S. 542).